Deutsch sein

Peter Siebenmorgen

Deutsch sein

SALZBURG – MÜNCHEN

1. Auflage
© 2017 Ecowin Verlag bei Benevento Publishing,
eine Marke der Red Bull Media House GmbH, Wals bei Salzburg

Medieninhaber, Verleger und Herausgeber:
Red Bull Media House GmbH
Oberst-Lepperdinger-Straße 11–15
5071 Wals bei Salzburg, Österreich

Umschlaggestaltung: www.b3K-design.de, Andrea Schneider,
diceindustries
Satz: MEDIA DESIGN: RIZNER.AT
Printed in Slovakia

ISBN 978-3-7110-0132-0

Inhalt

Deutsch sein?

Gut zwei Jahre nach der Bundestagswahl 1965, die Ludwig Erhard, dem Bundeskanzler, und den Unionsparteien ein sehr gutes Wahlergebnis einbrachte, dem Bundestag eine stabile parlamentarische Mehrheit und dem Land eine unaufgeregte Zukunft in Aussicht stellte, notierte Ralf Dahrendorf ein wenig konsterniert: »Das Wahlergebnis hinkte hinter der politischen Realität her: eine in der Theorie der parlamentarischen Demokratie nicht recht vorgesehene Möglichkeit.« Denn aus dem Nichts oder über Nacht gewachsen waren jene Herausforderungen keineswegs, die der juvenilen Bundesrepublik um die Jahreswende 1967/68 unverhofft zu schaffen machten: die später als 68er bekannt werdende studentische Protestbewegung und das Erstarken einer neonazistischen Kraft, der NPD.

Ähnliches kann man von der deutschen Gegenwart im Jahr 2017 behaupten. Denn das Wahlergebnis von 2013 – die AfD scheiterte an der Fünf-Prozent-Hürde – hinkte offenkundig gleichermaßen hinter den sich wandelnden politischen Realitäten her. Dass die neuen politischen Kräfte im vorangegangenen Wählervotum sich nicht angemessen in Prozent und Mandat abgebildet hätten, ist dabei nicht der springende Punkt. Vielmehr sind damals wie heute Subkulturen auf den Marsch in das Zentrum der deutschen Politik aufgebrochen, die eben dieses Zentrum fundamental in Frage stellten oder stellen. Und genau das spiegelten die amtlichen Ergebnisse der scheinbar Stabilität reflektierenden Bundestagswahlen in keiner Weise wider.

Über die politische Substanz und Kompetenz der neuen Rechten ist eigentlich schon alles gesagt, wenn man festhält, dass die zentralen öffentlichen Auftritte ihrer Repräsentanten stets solche sind, die zu keiner einzigen Zukunftsfrage Deutschlands anderes anzubieten haben als den Blick zurück, nicht selten: ins Ressentiment. Nimmt man sich etwa die bislang markanteste Rede eines Vertreters der neonationalen Populisten vor, nämlich die Skandaldarbietung des thüringischen AfD-Vorsitzenden Björn Höcke am 20. Januar 2017 vor der sächsischen Parteijugend, so fällt auf, dass sie nichts zur Wirtschafts-, nichts zur Finanz- und auch nichts zur Sozialpolitik zu bieten hat. Die Außen- und Verteidigungspolitik? Versenkt, sprichwörtlich, in einem schwarzen Loch so wie eigentlich alle konkreten Fragen der praktischen Politik. Statt dessen eine dröhnende Stunde Geschichtspolitik, revisionistisch serviert, und nicht enden wollende schwülstige Nationalbeschwörung: Ach, »unser liebes Deutschland«!

Fast lernt man die Ober-Populisten anderer Länder schätzen; bei einem Donald Trump oder Victor Orbán weiß man wenigstens halbwegs, was sie wollen. Eigentlich ist da also jenseits vom Empfinden einer Gefühlsgemeinschaft nicht sehr viel, was das neurechte Lager in Deutschland zusammenhält und für Wähler, die Unschuldigen wie die Scheinheiligen, attraktiv und wählbar macht.

In dieser Hinsicht haben es die neonationalistischen Kräfte, die Herr Höcke gern in sprachlicher Anlehnung an den Nationalsozialismus »Bewegungspartei« nennt, sehr viel leichter als ihre rechten Brüder im Geiste aus anderen Nationen. Denn anders als in Frankreich oder Britannien, Polen oder Ungarn, Österreich oder der Schweiz bekommen sie das nationale Band der Einigung gratis und frei Haus geliefert.

Vor dem Hintergrund der deutschen Geschichte in der ersten Hälfte des 20. Jahrhunderts ist es nur zu verständlich (vernünftig und sympathisch obendrein), dass in der Bundesrepublik – alt wie neu – das *Deutsche*, was immer das auch heißen mag, keine große Bedeutung mehr in der Formulierung und Begründung von Politik gewinnen konnte. Die Folge freilich, dass Deutschland und seine ganze Begriffsfamilie auf dem Feld der politischen Rede mehr oder weniger heimatlos geworden sind, könnte sich jetzt rächen – in einer Zeit, die teilweise unter den Vorzeichen der Re-Nationalisierung steht und in der der Wille zur internationalen Kooperation schwindet, während nationale Muskelprotzereien sich allmählich zum politischen Breitensport entwickeln.

Auch wenn es viele fremdelt, fröstelt und nicht wenige schaudert: Wir kommen nicht mehr umhin, uns der Frage neu zu stellen, was es heute noch bedeuten kann, Deutsch zu sein. Und sei es nur zur Entlarvung und Bekämpfung unheilvoller Tendenzen und politischer Kräfte, die der Welt und Volk und Vaterland noch niemals Gutes gebracht haben.

Deutschland – Requiem und Sommermärchen

Angela Merkel hat einmal auf die Frage, welche Empfindungen sie mit Deutschland verbinde, geantwortet: »Ich denke an dichte Fenster! Kein anderes Land kann so dichte und so schöne Fenster bauen.« Ergänzend fügte sie noch bodenständige Mahlzeiten und herzhafte Küche an, Laubbäume, Buchen und, natürlich, Eichen. Rasch noch ein paar Vögel aufgezählt, »Kraniche, Störche« – auch so kann sich Deutschland anfühlen.

Nicht nur Konservative in den eigenen Reihen nahmen ihr das seinerzeit, im November 2004, übel, und eine wegen ihrer habituellen Eckigkeit so gar nicht zu Merkel passende Bemerkung in deren Dankesrede zur Nominierung als CDU/CSU-Kanzlerkandidatin ein halbes Jahr später –

»Ich will Deutschland dienen« – wurde weniger als redliche national-politische Nachbesserung denn als gefallsüchtiges, hohles Pathos wahrgenommen.

Tatsächlich darf man von jemandem, der sich anschickt, deutsche Regierungschefin zu werden, ein wenig mehr Reflektionsniveau erwarten, wenn sie über das Land spricht, für das sie Verantwortung tragen möchte. Manche haben sich vielleicht über das Unfeierliche ihrer Rede aufgeregt, die meisten freilich haben mutmaßlich nicht einmal das registriert.

Allein, dass Frau Merkel keinen guten Tag gehabt haben könnte, dass ihr eine verunglückte Spontanleistung unterlaufen sei, darf als unwahrscheinlich gelten. Denn das weiträumige Umkreisen jedweden Nationalvokabulars ist eines ihrer Stilmittel geblieben, auch als Kanzlerin. Statt von Deutschen, so hat es Dirk Schümer im Januar 2017 in der *Welt* festgehalten, spreche die Bundeskanzlerin lieber von »Menschen, die schon länger hier sind«, weshalb er den durchaus witzigen Vorschlag unterbreitet, Deutschland schlicht nur noch als »Hierland« zu benennen.

Eine gute Idee? Ob Leitkultur oder Lebensweise, Tugend oder Zukunft: Sobald dabei das Deutsche ins Spiel kommt, ist die Sache vergiftet. Worin dies gründet, liegt gleichfalls auf der Hand: an jenem Abschnitt der deutschen Geschichte, der alles andere an Verbrechen gegen Mensch und Menschlichkeit in den Schatten stellt – und damit auch für die deutsche Geschichte einen unentrinnbaren Schatten wirft, in dem seither alles liegt. Gänzlich unbefangen ist das deutsche Nationalvokabular hinfort nur noch beim Blick zurück benutzbar.

Wohl hat sich seit Mitte der 1980er-Jahre ein gewisse Selbstbespiegelungskultur in der Bundesrepublik herausgebildet; irgendeine Stiftung von Rang oder eine Akademie in kirchlicher Trägerschaft gibt es immer, die gerade einen Vortragszyklus zum »Nachdenken über Deutschland« oder »Reden über das eigene Land« im

Angebot hat. Dass sich dabei der Blick in die Tiefe der deutschen Abgründe weiter schärft, ist nur zu begrüßen. Und dass solche Bemühungen keine »Normalisierung« im Verhältnis der Deutschen zu sich selbst und ihrer Geschichte zeitigen, ist alles andere als zu kritisieren.

Nach wie vor sehen dies auch die meisten Deutschen heute noch so. Allerdings sind nun häufiger und vernehmbarer Stimmen zu registrieren, die den bewährten bundesrepublikanischen Ansatz für falsch halten. »Warum gehen wir nicht den Weg aller anderen Länder?«, so etwa die Mitte Februar 2017 im *Spiegel* nachzulesende rhetorische Frage des geschichtspolitischen Vordenkers und thüringischen Landeschefs der AfD, Björn Höcke. Seine Forderung: »Das singuläre Verbrechen einer Generation« dürfe doch nicht »die Entfaltungsmöglichkeiten der gegenwärtigen oder künftigen Generationen einengen«!

Als wäre dies in der Vergangenheit der Fall gewesen. Vermutlich haben keine Ge-

nerationen in Deutschland jemals derart
große und – man darf wohl ohne zu über-
treiben sagen – fantastische Entwicklungs-
möglichkeiten gehabt wie jene Kinder
und Kindeskinder der Täter- und Mitläu-
fergeneration, die das Glück hatten, in der
Bundesrepublik Deutschland zu leben.
Ob mit Blick auf Wohlstandsteilhabe, Bil-
dungschancen oder die Möglichkeiten
zur selbstbestimmten Lebensführung: Bei
allen Defiziten, auch Ungerechtigkeiten
im Vereinzelten, gab es doch insgesamt
niemals so viel Teilhabe und Freiheit auf
deutschem Boden, auch staatliche Da-
seinsfürsorge für jedermann, wie in der
Bonner Republik und dann nach 1989/90
im vereinigten Deutschland.

Dass die Bundesrepublik nach dem
Doppel-Horror von Genozid und Ent-
zünden des größten und blutigsten Kriegs
der Menschheitsgeschichte als einzigen
nachhaltigen Preis für eine extrem zügige
Rehabilitation Deutschlands sowie für die
gleichberechtigte und uneingeschränkte
Teilhabe an den westlichen Wohlstands-

und Sicherheitsgemeinschaften der europäischen Integration und Nato den dauer-
haften Verzicht auf nationale Kernwaffen
erklären musste, ist vielleicht für Staats-
metaphysiker eine schlimme Sache. Für
Otto Normaldeutsch lag und liegt darin
freilich keinerlei Einschränkung der indi-
viduellen Entfaltungsmöglichkeiten – so
wenig wie für seine europäischen Lei-
densgenossen in Belgien, Dänemark, Italien oder Spanien –, zumal die Bundesrepublik im Gegenzug den Schutz der
amerikanischen Abschreckungsmacht ga-
rantiert bekommen hat.

Die neuen Besondersgutdeutschen à la
Höcke tun ihren Gegnern auch nicht den
Gefallen, den Holocaust zu bestreiten.
Auf hartnäckige Nachfrage erhält man
von ihnen durchaus die Auskunft, dass
»diese Verbrechen unentschuldbar sind,
ein Schandfleck in der deutschen Geschichte«. Holocaust-Leugner sind sie
also nicht – aber sind sie deshalb lediglich
Holocaust-Verschweiger, die einfach nur
finden, jetzt müsse es auch mal wieder

gut sein? Der erste Vorwurf ist zu stark, der zweite zu schwach, denn das Ver- und Beschweigen hat ja einen Zweck: Man will sich den deutschen Spaß nicht verderben und den Stolz nicht ankratzen lassen und fordert daher eine Art deutsches Reinheitsgebot nach Maßgabe nationaler Geschichtspolitik.

Eben aus diesem Grund sind Formulierungen, die auf den ersten Blick nicht evident falsch sind, unverzichtbarer Bestandteil der neuen Nationalpopulisten. Ein normativ einigermaßen wetterfester Satz nach dem Strickmuster »es darf nicht sein, dass…« wird zu der Unterstellung umgepolt, dass es so sei – siehe »Entfaltungsmöglichkeiten der gegenwärtigen und künftigen Generationen« –, und schon liegt das semantische Instrumentarium bereit, um mit krudestem nationalistischen und geschichtsrevisionistischen Geschwätz zunächst die politischen Debatten und hinfort das politische Klima zu beeinflussen.

In diesem Zusammenhang ist es durchaus von Belang, dass sich die etablierten politischen Kräfte weitgehend abgewöhnt haben, ihre Politik überhaupt noch in irgendeinen Zusammenhang zu stellen, in dem *deutsch* mehr als ein geografischer Hinweis wäre. Die alte Bundesrepublik, so hat es Karl Dietrich Bracher bereits Mitte der 1970er-Jahre auf den Punkt gebracht, verstand sich selbst als eine »postnationale Demokratie unter Nationalstaaten«, ihre Bestimmung war fortan europäisch und überhaupt westlich. Für eine politische Rhetorik des Deutschen gab es da wenig Platz und noch weniger Bedarf.

Daran hat sich auch nach der Wiedervereinigung lange Zeit fast nichts verändert. Das größer und auch mächtiger gewordene Deutschland in der Mitte Europas ist seither noch mehr darauf aus, seine gute europäische Seite herauszustellen. Man mag bei Deutschlands Nachbarn immer noch, nach wie vor, vielleicht sogar mehr denn je misstrauisch sein und bleiben, ob hinter dem weiterhin gültigen Nachkriegsmantra »Im Namen Europas«

(Timothy Garton Ash) nicht vielleicht in Wirklichkeit eine besonders geschickt kaschierte deutsche Politik des nationalen Interesses steckt. Mit Beginn der Eurokrise und dann massiv verstärkt durch die Flüchtlingskrise seit 2015 tauchen solche Verdächtigungen wieder häufiger auf. Mit dem Selbstbewusstsein und Selbstverständnis der Mehrheitsdeutschen hat dies allerdings weniger zu tun als mit historisch geprägten Wahrnehmungsmustern der Nachbarn, Partner und Freunde Deutschlands.

Man kann es drehen und wenden wie man will, seit der Wiedervereinigung sind die Verhältnisse vergleichsweise kurios. Denn das anhaltend postnational geprägte Bewusstsein der Deutschen herrscht seit 1990 in einem und über ein Gebilde, das als nichts anderes denn ein Nationalstaat bezeichnet werden kann. Doch die Veränderung der grundlegenden politischen – um nicht zu sagen: der nationalen – Realitäten in Deutschland, hat Wirkungen auch auf das Bewusstsein entfaltet. Nach wie vor steht Deutschland als Requiem auf dem Spielplan. Der Umgang der Bundesrepublik mit dem Staat Israel ist zwar nicht mehr ganz so kleinlaut wie in den Jahrzehnten zuvor; doch im Wesenskern ist die Erbfolge der umfassenden Verantwortung für die Grauen der Vergangenheit sakrosankt.

Daneben haben sich aber auch Momente der Auflockerung, ja, der Entkrampfung in Bild und Verständnis der Deutschen von sich selbst ergeben. Nirgends war dies besser und intensiver zu spüren als während der Fußball-Weltmeisterschaft 2006, als der deutschen Mannschaft ein dritter Platz und dem Gastgeberland gar ein Sommermärchen gelang. Schwarz-Rot-Gold in allen Winkeln der Republik. Wenn schon nicht das ganze Land, so doch immerhin die durch mannigfachen Missbrauch deutscher Symbolik extrem vorbelastete Hauptstadt ein einziges Fahnenmeer. Doch nichts und nirgends etwas von »über alles«; nichts, das bei unseren Nachbarn oder Tatopfern von früher böse Erinnerungen geweckt oder ihnen Angst eingeflößt hätte. Deutschland, so die einhellige internationale Meinung, kann neuerdings sogar freundlich und sympathisch sein.

2014 dann, als sich für Deutschland ein weiteres Märchen erfüllte und der Titel im Rückgepäck aus Brasilien eingeführt werden konnte, war es schon ein gewohntes Bild der Nicht-Beunruhigung, wie der Champion heiter und auf gelassene Weise ausgelassen in Schwarz-Rot-Gold gefeiert wurde.

Man mag dies einen Schritt in Richtung Normalisierung nennen. Aber die deutsche Wirklichkeit der Gegenwart bleibt vom doppelten Nationalbewusstsein geprägt: Deutschland, ein Requiem – Deutschland, ein Sommermärchen. Wo konnte man dies übrigens schöner studieren als an jener Szene am Wahlabend 2013, die sich im Hauptquartier des Wahlsiegers abspielte? Der seinerzeitige CDU-Generalsekretär Hermann Gröhe, formal auch der Hauptverantwortliche für die

Wahlkampagne seiner Partei, sah einigen Grund für ausgiebiges Feiern. Vielleicht war Alkohol mit im Spiel, vielleicht auch nur gruppendynamisch erzeugter Überschwang, jedenfalls gab es an diesem denkwürdigen Abend der CDU-Wahlparty Ungewöhnliches zu beobachten. Zu einem Song der in konservativen Kreisen nicht eben hoch im Kurs stehenden *Toten Hosen* schwenkten Gröhe und einige seiner Mitstreiter in Eurythmie ähnlichen Kreisbewegungen schwarz-rot-goldene Fähnchen – bis die postnationale Parteichefin und Bundeskanzlerin dem Treiben ein Ende setzte und ihrem Generalsekretär die Insignien des Nationalen mit empörtem Blick entwand.

Nach dem Gau in
Deutschlands Gauen

Versucht man die deutsche Geschichte seit Ende des Zweiten Weltkriegs auf einen einzigen Nenner zu bringen, so kommt man wohl zu dem Ergebnis, dass Nachkriegsdeutschland eine Nation ist, die sich im Wesentlichen, die sich vor allem auch mehrheitlich postnational reflektiert und definieren möchte. Dass ein Volk, dessen jüngere Vergangenheit zu einem gehörigen Teil mehr monströse Kriminal- als ruhmreiche Nationalgeschichte gewesen ist, sich schwer damit tut, sich auf seine Identität zu besinnen, ist verständlich. Und: Mit Blick auf die untrennbar mit Deutschland verbundenen moralischen und menschlichen Katastrophen der ersten Hälfte des 20. Jahrhunderts ist das

Streben der Bundesrepublik Deutschland, sich im europäischen Kontext eine Ersatzidentität zu beschaffen, fast schon selbsterklärend. »Die Geschichte ist ein Albtraum, aus dem ich zu erwachen suche«, klagt Stephen Dedalus in *Ulysses*, dem Hauptwerk von James Joyce, und so ähnlich lässt sich auch der nationale Bewusstseinszustand der Deutschen nach 1945 zusammenfassen. Allerdings mit einem gravierenden Unterschied: Für die Bundesrepublik gab es einen zügigen, ja, komfortablen Weg heraus aus dem Albtraum – Europa wurde zur Befreiung von dem Hitler-Alb.

Bis zur Wende 1989/90 war es üblich, die Ausgestaltung der Beziehungen zwischen den beiden deutschen Staaten als *Deutschland*politik zu bezeichnen. Doch bei der Suche nach einem alltagspraktischen Modus Vivendi in Zeiten der deutschen Teilung und des Kalten Kriegs wurde gar nicht erst versucht, nationale Funken aus dem Begriff »deutsch« zu schlagen. *Deutschland*politik war eher ein

Verlegenheitsbegriff, der sich auf die Lockerung einer politisch verfahrenen Lage in einem geografisch klar umrissenen Raum in der Mitte Europas bezog; höchstenfalls sollten Optionen für irgendwann einmal offen gehalten werden – aktive Wiedervereinigungspolitik, ein womöglich gar sinnstiftendes nationales Projekt wollte Deutschlandpolitik nie sein.

Natürlich wurde sowohl im Streit um Adenauers Westpolitik wie auch im Ringen um die Ost- und Entspannungspolitik Brandts »Deutsch« als Kampfbegriff in der politischen Auseinandersetzung eingesetzt. In beiden Fällen stand der Vorwurf an die Adresse des jeweiligen Bundeskanzlers und seiner Koalition im Raum, »Verzichts-« oder »Ausverkaufspolitik« zu betreiben. Doch kaum wurde eine solche Brandmarkung um ein wenig Schmalz oder Pathos bereichert, wendete sie sich gleich ins Lächerliche. So wurde Rainer Barzels Diktum »Mit Verlaub, es geht um Deutschland« eher zum Kabarett-Hit und Angang für das Zwerchfell, als dass es deutsches Blut in Wallung gebracht hätte.

Die Begriffsfamilie des Deutschen spielt auch sonst eine ziemlich unbedeutende Rolle in den politischen Kontroversen der Bundesrepublik. Auf Wahlplakaten wurde Deutschland zuletzt 1976 prominent bemüht. Seinerzeit warb die CDU ganz im Stil eines harmlosen Heimatfilmtitels um Stimmen – »Aus Liebe zu Deutschland« –, während die SPD den Nationalbegriff in eine Fassung setzte, die idealtypisch auch einem zeitgenössischen soziologischen Propädeutikum hätte gewidmet sein können: »Modell Deutschland«.

Der weitgehende Verzicht auf alles Deutsche in der Politik der Bundesrepublik war leicht zu erklären, er hat aber auch gravierende Folgen gezeitigt. Aus dem allgemeinen oder politischen Sprachgebrauch verschwand Deutschland ja keineswegs vollständig. Unverzichtbar – notwendigerweise – blieb die Rede über Deutschland immer dann, wenn es um die Verantwortung der Nachgeborenen für die Untaten und Verbrechen des Dritten Reichs ging. Wer in der Bundesrepublik politisch über Deutschland sprach oder spricht, meinte zumeist die Vergangenheit; er beschäftigte sich nicht mit dem, was kommen soll, sondern mit dem, was nie wieder passieren darf. Im politischen Sprachgebrauch stand der deutsche Nationalbegriff damit mehr und mehr nur noch für das Schlechte und Böse der Vergangenheit: In diesem Sinne wäre »Deutschland« die Bezeichnung für eine Art moral-politische *Bad Bank*, die sich mit den historischen Lasten – man könnte auch sagen: den Ewigkeitslasten – zu beschäftigen hat.

Seitens der politischen Rechten wurde diese Halbierung des deutschen Nationalbegriffs stets scharf kritisiert, gemäß einer Grundmelodie, die heute besonders gut von Björn Höcke und seinen Kameraden beherrscht wird. Demnach dient die Erinnerung an die Schrecken der Vergangenheit vor allem dem Zweck, den deutschen Namen zuerst zu beschmutzen, sodann zu entwerten, um ihn schließlich auszumerzen. Alternativ wurde von solchen politischen Kräften ein anders halbierter Nationalbegriff ins Spiel gebracht, nämlich einer, der sich nicht länger mehr zum Bösen in der deutschen Vergangenheit verhalten will und der seine moralische Verantwortung für das, was anderen – allerdings auch Deutschen selbst – durch Deutsche oder in deutschem Namen zugefügt wurde, verschweigt.

Abgesehen davon, dass ein Sich-Heraus-Stehlen aus der Verantwortung klassischerweise nicht zu den deutschen Tugenden gerechnet wird, muss man sich gar nicht lange mit derart rechts-revisionistischem Unsinn aufhalten. Gerade derjenige, der seine Stärke, seinen Selbstwert aus der Geschichte ziehen will, gerade der, dem es um das wahre Deutschland vorgeblich zu tun ist, wird nicht allzu weit kommen, wenn er die historische Wahrheit als ein politisch manipulierbares Instrument missbraucht, und dies mit Vorsatz und Lust gleichermaßen.

Jener halbierte Nationalbegriff, der fast schon als fester Bestandteil zur DNA der Bundesrepublik gerechnet werden kann, ist weitaus einfacher zu reparieren. Nichts von dem, was ihn halbiert ausmacht, darf unter den Tisch fallen. Ganz im Gegenteil. Wer aber die Kraft hat, die Lasten und Kosten der Geschichte bewusst und mit Haltung auszuhalten, kann wieder offen werden für die ermutigenden Seiten der deutschen Geschichte und des deutschen Werdens.

Was wäre damit gewonnen? Oder anders gewendet: Was ist so zu gewinnen? Wer das Deutsche verkörpere – Goethe oder Goebbels, Heine oder Hitler –, ob Deutschland das Land der Dichter und Denker oder eines der Scharfrichter und Henker ist – dies alles sind ja keine neuen Fragen. Und die gängige, im Übrigen auch richtige Antwort – »Von allem etwas!« – lässt einen gleichwohl und zuverlässig ratlos zurück. Ein Irrweg, weil dieser in gefährliche Nähe zu rechtsnationalistischen Geschichtspolitikern führt, wäre es auch, die wiederentdeckten Glanzstücke der deutschen Kultur und Geschichte mit den Verbrechen des zwölf Jahre währenden 1000-jährigen Reichs verrechnen zu wollen. Dass es auch Gutes und Wertvolles gegeben hat, nimmt den Untaten nichts von ihrer Monstrosität (so wie ja auch Goethes Dichtungen, beispielsweise, nicht etwa dadurch entwertet werden, dass plus-minus 150 Jahre später Einsatzbefehle und Mordkommandos in deutscher Sprache abgefasst wurden).

Der eigentliche Wert eines neuen Blicks auf das ganze Deutsche in der Geschichte bemisst sich anders. Er sei »aus Notwendigkeit Mensch«, hat Montesquieu gesagt, aber nur »aus Zufall Franzose«. Dennoch hat diese Art von Zufall immer auch etwas Schicksalhaftes an sich, denn kein Mensch hat es in der Hand, in welche Zeit, in welches Land hinein er geboren wird. So können wir auch heute nicht wählen, ob wir Deutsche sind oder nicht. Aber wenn wir es denn sind, so können wir immerhin frei wählen, in welchen Traditionen, in welchen kulturellen Kontexten und Überlieferungen wir uns sehen und bewegen wollen. Und da müsste eigentlich bei jedem, der einigermaßen klar bei Sinnen ist, die Wahl auf Heine und Hölderlin statt auf Heydrich, Himmler und Hitler fallen. Selbst den meisten Menschen, die gegenwärtig hinter den dicken Pauken rechtsnationaler Kräfte herlaufen, dürfte dies eingängig sein. Und so gewinnt man durch die Weitung des Blicks auf das Gesamte dessen, was historisch und kulturell alles zu Deutschland gehört, auch einen eindeutigen Maßstab dafür, was es heute heißt, deutsch zu sein: Deutsch sein heißt, sich den guten Traditionen verpflichtet zu fühlen, sich in deren Dienst zu stellen, sie fortzuführen.

Das Wunder des Patriotismus

Nachdem Roman Herzog am 23. Mai 1994 zum Bundespräsidenten gewählt worden war, hielt er eine kurze Ansprache an die Mitglieder der Bundesversammlung. Neben die bei solchen Anlässen üblichen Artigkeiten – vor allem Dank für das in ihn gesetzte Vertrauen – fügte das designierte Staatsoberhaupt allerdings noch einen programmatischen Gedanken in eigener Sache. Er wolle nämlich »Deutschland so repräsentieren in den nächsten fünf Jahren, wie es wirklich ist: friedliebend, freiheitsliebend, leistungsstark, um Gerechtigkeit bemüht, zur Solidarität bereit, tolerant, weltoffen«. So weit, so gut, hätte er dieser durchaus grundkonsensfähigen Zusammenfassung dessen, was Deutschland Mitte der 1990er-Jahre ausmachte, nicht noch eine Nachbemerkung – gerade mal in einem Halbsatz – angehängt, die es in sich hatte. »(F)ast das Wichtigste« für jenes Deutschland, das Herzog im Sinne hatte und das er für die kommenden fünf Jahre zu repräsentieren sich gerade anschickte, erscheine es ihm, »unverkrampft« zu sein.

Von welchen Krämpfen gelte es wohl Deutschland zu befreien, wurde Herzog angegangen. Gemeint sein konnte doch nur der auch nach der Wiedervereinigung verdruckst bleibende Umgang mit allem Nationalen, mit allem Deutschen. Plante etwa der Inhaber des höchsten Staatsamtes, das die Bundesrepublik zu vergeben hat, höchst selbst den berühmt-berüchtigten Schlussstrich unter die düstersten Kapitel der deutschen Geschichte zu ziehen? Steffen Heitmann, damals sächsischer Justizminister und der ursprüngliche Kandidat der christliberalen Koalition, warf lange vor der Wahl das Handtuch, weil er sich heillos mit halbgaren Einlassungen zu allen einschlägigen Themen, die schon immer jedes rechte Herz erwärmt haben, verstrickt hatte. Es gehörte schon einiges an bösem Willen dazu, in dem mit der (west-)deutschen Medienwelt immer noch nicht vertrauten konservativen Tollpatsch einen halben Nazi zu sehen, aber es reichte seinerzeit ja schon völlig aus, sich prononciert nationalkonservativ zu geben, um zuverlässig bei den politischen *outcasts* zu landen.

Vor diesem Hintergrund war die deutsche Öffentlichkeit, kaum hatte der kommende Präsident das eine Wort ausgesprochen, sofort und aufs Höchste alarmiert. Keinem frisch gewählten Politiker der Nachkriegszeit wehten auch nur vergleichbare Anfeindungen entgegen wie Roman Herzog, dem Unverkrampften. Er, der ja nicht als unbeschriebenes Blatt in das höchste Staatsamt gewählt wurde – hinter ihm lagen mehr als 20 Jahre als politischer Beamter, Landesminister und Präsident des Bundesverfassungsgerichts –, hatte zuvor nie auch nur den kleinsten Anlass geboten,

in ihm einen revisionistischen Geschichts-
politiker zu sehen. Und auch jetzt konnte
man ihm aus dem schlichten Gebrauch
des Wortes »unverkrampft« schwerlich
einen Strick drehen. Woher rührte dann
die Aufregung? Was genau ist es gewesen, das viele Menschen aus Herzogs
»unverkrampft« etwas Böses, Gefährli-
ches oder wenigstens doch Skandalöses
heraushören ließ?

Vermutlich ist es der ungewohnte Kontext gewesen. Die gängigen Assoziations-
ketten zu allem Deutschen führten nach
1945 fast immer ins Dunkel und ins Düs-
tere, sie waren schwer und beladen, sie
handelten von Tragödien oder Katastrophen: *DEUTSCHLAND* – von der Geschichte als Epitaph in eine schwere stei-
nerne Grabplatte gemeißelt. Hier aber,
wo es keine Leichtigkeit mehr gibt und
geben kann, nichts Lockeres, keine Unbe-
fangenheit – ausgerechnet hier empfiehlt
das angehende Staatsoberhaupt mit bei-
läufiger Selbstverständlichkeit ein nationales Krampflösungsmittel ...

Dass historisch auf das Übelste vorbelastete Begriffe wie Patriotismus oder Vaterlandsliebe es schwer hatten, den Weg zurück in den politischen Sprachgebrauch zu finden, ist den gleichen Umständen geschuldet. Als genuin positive Begriffe passen sie sowieso nicht richtig in die deutsche Rede über Deutsches in der Nachkriegszeit. Sie sind zudem ganz ohne Mühe pathetisch aufzuladen, was erschwerend hinzukommt. Vor allem aber hat mit Blick auf Krieg, Mord und andere Verbrechen, die so oft im Namen des Vaterlands und der vermeintlich deutschen Sache begründet wurden, jedes Reden von deutschem Patriotismus seine Unschuld verloren.

Und dies nicht erst seit Hitler. Kaum weniger abstoßend ist der Exzess-Patriotismus am Vorabend und während des Ersten Weltkriegs, der – anders als im Dritten Reich – keineswegs hauptsächlich von geistarmen Verbrechern propagiert wurde, sondern aus der Mitte deutscher Gelehrsamkeit und Kunst tönte. So war es

Werner Sombart, der 1915 wetterte, nicht »wer die Meere beherrschen soll« sei »die wichtigste Menschheitsfrage, die jetzt zur Entscheidung« stehe. »Viel wichtiger und alles Menschenschicksal in sich fassend« sei »die Frage: welcher Geist sich als der stärkere« erweise – »der händlerische oder heldische«. Viel Zustimmung, gerade auch aus dem kulturellen und intellektuellen Lager erhielt Sombart für solche Worte, doch niemand überbot sich dabei mehr als Thomas Mann.

Der Untergang der *Lusitania* – das erste große zivile Opfer des von Deutschland entgrenzt geführten U-Boot-Kriegs, rund 1 200 Menschen, darunter viele Frauen und Kinder, fanden den Tod – war das Bild, das der Großschriftsteller vor Augen hatte, als er seine berühmt-berüchtigten *Betrachtungen eines Unpolitischen* niederschrieb. Die Versenkung des Passagierdampfers, »die Vernichtung jenes frechen Symbols der englischen Seeherrschaft und einer immer noch komfortablen Zivilisation, des Riesenlustschiffs ›Lusitania‹«

war demnach ein Gebot der Stunde. »Das deutsche Volk«, so Thomas Mann in rauschhaftem Hass, habe »nicht geflennt über das, was die ihrerseits radikal erbarmungslosen Feinde seines Lebens ihm antaten«. Antisemitismus, Chauvinismus, Ablehnung der Demokratie, Beschwörung des Obrigkeitsstaates als »die dem deutschen Volk angemessene, zukömmliche (…) Staatsform« – nichts aus dem Sündenregister eines pervertierten Patriotismus wird ausgelassen.

Dass die Wiederbelebung eines Patriotismus und die Neu-Ausbildung von Vaterlandsliebe in Deutschland keine Selbstläufer werden konnten, ist vor dem Hintergrund eines zweimaligen Totalversagens patriotischen Denkens in der ersten Hälfte des 20. Jahrhunderts nicht weiter verwunderlich. Kurioserweise ist die schließlich dennoch erfolgte Rehabilitierung des nahezu unheilbar kontaminierten und fast nur noch in rechten Kreisen gebräuchlichen Begriffs des Patriotismus der politischen Linken zu verdanken, als nämlich Jürgen Habermas eine bis dahin nur Spezialisten-Zirkeln bekannte Formel Dolf Sternbergers aufgriff und den hinfort viel zitierten »Verfassungspatriotismus« gegen nationalkonservativ geeichte Geschichtspolitik wendete. War der Ertrag des seit 1986 ausgetragenen Historikerstreits auch ausgesprochen dürftig, so zeitigte er immerhin diesen einen positiven Effekt. Seither ist auch die politische Mitte wieder bereit – wenn auch gemäßigt, was ja kein Fehler sein muss – von Patriotismus zu sprechen.

Und darauf liegt eben nicht nur eine schwierige historische Last, sondern hier liegt auch eine echte Chance. Denn zivilisierter Patriotismus, der selbstsicher genug ist, nicht erst Feinde schaffen zu müssen, um blühen zu können, entfaltet wundersame Kräfte: Er bewirkt, dass Menschen, die sich nicht kennen, die sich auch nie begegnen werden, die nichts voneinander wissen, die im Übrigen denkbar unterschiedlich sind – dass Menschen, die sich also fremd sind und die ein Leben lang einander Fremde bleiben werden, sich dennoch zugetan sein können und zu Gemeinschaftswerken bereitfinden. Gänzlich Fremde stehen füreinander ein, Menschen, die im Sinne Montesquieus allenfalls in einer Zufallsgemeinschaft namens Nation verbunden sind, empfinden eine stark bindende Solidargemeinschaft – Patriotismus ist, kurz gefasst, geradezu das genaue Gegenteil von und der exakte Gegenbegriff zu Fremdenhass. Patriotismus ist eine Kraft, die auf wundersame Weise Fremdheit als Quelle von Ablehnung, Ausgrenzung oder Anfeindung neutralisiert, die Fremdheit naturgemäß nicht aufheben oder wenigstens doch abbauen kann, die ihr aber den trennenden Charakter nimmt. Auf alles Mögliche mag sich Fremdenfeindlichkeit und Chauvinismus gründen und berufen wollen, nur auf ein Prinzip kann es nicht bauen. Denn gelebter Patriotismus ist letztlich nichts anderes als die Liebe zu Fremden.

Wie, bitte, liebt man sein Vaterland?

Wenn eine Frage kurz und bündig mit einem Lacher, einer hübschen Pointe oder einem Bonmot-fähigen Satz beantwortet wird, dann ist sie zumeist heikel; einer ernsthaft formulierten, einleuchtenden Antwort entzieht sie sich – besser, man lässt es und spricht nicht weiter darüber. So gesehen war Gustav Heinemann, nach seiner Einstellung zu Vaterlandsliebe befragt, recht gut beraten, mit dem Hinweis, er liebe seine Frau, zu returnieren.

Man könnte es dabei bewenden lassen, zumal die lautesten Liebesbekundungen zu Volk, Heimat oder Nation regelmäßig aus politischen Ecken kommen, die unübersehbar braunstichig sind. Rückt man dann noch jenen Tribut der Liebe, der den

Deutschen nicht selten in Form von Blut-
zoll im Namen des Vaterlandes abgerun-
gen wurde, in den Blick, wird es kaum
appetitlicher. Umgekehrt aber verspricht
eine genauere Betrachtung dieses eigen-
artigen Begriffs gleich in zweifacher Hinsicht beträchtlichen Erkenntnisgewinn.
Denn es ist ja gerade der unreflektierte
Gebrauch des Begriffs »Vaterlandsliebe«
als pathetische Formel, der seine suggesti-
ve Aufdringlichkeit ausmacht und damit
vielfältige Handhabe für den ideologischen Missbrauch bietet. Untersucht man
stattdessen, was der vernünftige, aufge-
klärte Inhalt dieser Formel sein könnte, so
lässt sich den rechten Strolchen womöglich ein Schlüsselwort entwinden.

Schon die ursprünglichste aller Fragen
ist nicht zufriedenstellend zu beantworten: Was eigentlich ist Gegenstand der
Liebe, wenn man von Vaterlands*liebe*
spricht? Zunächst hat man es mit den
grundsätzlichen Schwierigkeiten beim
Bestimmen dessen, was überhaupt eine
Nation ausmacht, zu tun. Die nach wie

vor gründlichste Untersuchung und vorläufig am wenigsten unbefriedigende Antwort stammt immer noch von Ernest Renan, einem französischen Religionswissenschaftler.

Demnach ist das Merkmal »Rasse« sicherlich nicht ausschlaggebend, denn alle modernen Nationen zeichnen sich durch ein ethnisches Gemisch aus. Frankreich, so hat Hagen Schulze Renans Räsonnement zusammengefasst, sei keltisch, iberisch, germanisch; Deutschland sei dagegen germanisch, keltisch und slawisch – Italien schon gar nicht mehr zu entwirren. Auch die Sprache ist es nicht, was eine Nation ausmacht, wie sonst wäre es zu erklären, dass Britannien von den Vereinigten Staaten getrennt ist und Spanien von Lateinamerika? Wäre es die Sprache, so bliebe der Zusammenhalt der multilingualen Schweiz rätselhaft. Religion ist es so wenig wie Geografie, was eine Nation ausmacht, und diese ist auch keine Gemeinschaft von Interessen: »Ein *Zollverein*«, so Renan, »ist kein Vaterland.«

Wo materielle Umstände keine hinreichende Begründung ergeben, muss es, so fährt er fort, »ein geistiges Prinzip« sein: »Eine Nation ist eine Seele.« Ihr Inhalt, ihr Wesen sei geformt aus zwei Bestandteilen: »Das eine ist der gemeinsame Besitz eines reichen Erbes an Erinnerungen, das andere ist das gegenwärtige Einvernehmen, der Wunsch, zusammenzuleben.« Anders gewendet: »Eine Nation ist also eine große Solidargemeinschaft, getragen von dem Gefühl der Opfer, die man gebracht hat, und der Opfer, die man noch zu bringen gewillt ist. Sie setzt eine Vergangenheit voraus, aber trotzdem fasst sie sich in der Gegenwart in einem greifbaren Faktum zusammen: der Übereinkunft, dem deutlich ausgesprochenen Wunsch, das gemeinsame Leben fortzusetzen.«

Nation als geistiges Prinzip? Für deutsche Ohren, in denen noch das Echo des 20. Jahrhunderts nachklingt, hört es sich zumindest latent gefährlich an, was Renan am 11. März 1882 in seinem Vortrag an der Sorbonne dargelegt hat. Denn was sind

Ideologien anderes als pervertierte geistige Prinzipien? Zudem: Wie oft, wie schnell, wie grundstürzend ist das Gute oder Gutgemeinte immer wieder ins Schlechte, gar ins Böse umgeschlagen – zumal, wenn es um *deutsche* Ideen gegangen ist?!

Allerdings steckt in Renans Formel ein hervorragender Sicherungsmechanismus. Denn sein »geistiges Prinzip« ist eben keine abstrakte Idee, die man auf chauvinistische Kurzformeln oder nationalistische Ideologien trimmen könnte. Es geht nicht um die eine nationale »Sache«, nicht etwa um »deutsch sein heißt: um seiner selbst willen«, um Ewiggültiges geht es schon gar nicht und auch nicht um Letztgültiges. Das geistige Prinzip, das der französische Gelehrte im Sinne hatte, ist die Übereinstimmung der Menschen über Herkunft und Zukunft, oder, wie es an einer anderen Stelle heißt, jenes »Plebiszits«, das sich in einer Nation täglich, wenn auch zumeist stillschweigend, vollzieht.

Gern hätte man es etwas präziser, vollständig befriedigend ist Renans Annäherung daher nicht. Sein Kniff jedoch, die Figur eines geistigen Prinzips untrennbar mit den konkreten Menschen, die es allein darstellen können und im Tatsächlichen leben, zu verbinden, bietet ein vorzügliches Kriterium, um einen aufgeklärten, humanen Begriff von Nation und Vaterland klar von seinen ideologischen, nationalistischen oder gar rassistischen Abarten zu unterscheiden.

Zieht man Renans Untersuchung zurate, so gewinnt man schließlich den Schlüssel zum Verständnis, was Vaterlandsliebe vernünftigerweise nur sein kann. Die Liebe zu einer abstrakten Idee ist es ganz sicherlich nicht, gleichviel welche gemeint wäre. So wie die Idee einer Nation, die die sie formierenden Menschen missachtet, schon grundsätzlich zutiefst inhuman ist, so ist auch die Liebe zu einem Vaterland ohne die Liebe zu den konkreten Menschen, die hier leben, schlechterdings nicht vorstellbar.

Das klingt banaler als es ist, doch genau an diesem Punkt liegt der nationalistisch gewürzte und populistisch servierte Hase unserer Gegenwart im Pfeffer. Denn nationalistische Populisten zeichnen sich ja oftmals nicht nur durch Fremdenhass und -feindlichkeit aus, sondern mehr noch durch den Hass auf die Mehrheit der eigenen Landsleute. Vaterlandsliebe kann man so etwas kaum nennen, wenn eine kleine Minderheit – nichts anderes ist die AfD, selbst 15 oder 20 Prozent, auch wenn das ein furchterregend beeindruckendes Ergebnis ist, stellen noch keine Mehrheit dar – die Mehrheitsvertreter mit Hass und Feindschaft überzieht. Begründen lässt sich solch ein Standpunkt schließlich nur mit ideologischen Mitteln – wenn der Anspruch, die Wahrheit, die wahren Interessen des Volkes zu vertreten, gegen ein Mehrheitsvotum gerichtet wird. Was, bitte, soll an einer solchen Haltung, die stets nur Unglück auch über das deutsche Vaterland gebracht hat, deutsch sein?!

Europäische und deutsche Sonderwege

»Zur Nation Euch zu bilden, ihr hoffet es, Deutsche, vergebens«, heißt es in den *Xenien,* dem Gemeinschaftswerk von Schiller und Goethe. Doch so schlimm sei das nicht, denn edlere Ziele gelte es anzustreben – eine Art Weltbürgertum: »Bildet, ihr könnt es, dafür freier zu Menschen euch aus.« Aus dieser Warte betrachtet, ist es nicht die schlechteste deutsche Gesellschaft, in der sich die postnationale Bundesrepublik stets bewegt hat – es sind, wie Heinrich August Winkler geschrieben hat, sogar die »besten Traditionen der deutschen Geschichte«, auf die man sich als Deutscher berufen kann.

Dies ist auch deshalb bemerkenswert, weil aus dem Blickwinkel derer, die unbestritten zu den Größten im deutschen Geistesleben zählen, das gleiche folgt wie aus jener Erinnerungskultur, welche die neonationalistischen Populisten so sehnlichst abgestellt sehen möchten. So kommen die Lehren aus den düstersten Stunden deutscher Geschichte zu einem in etwa gleichen Ergebnis wie Goethe und Schiller: weniger Nation, mehr grenzüberschreitende Kooperation und Integration. Und das klingt kaum anders als die Kurzfassung der bundesrepublikanischen Erfolgsformel: Deutschland ist Vergangenheit, Europa und der Westen hingegen Gegenwart und Zukunft.

Solange Europa und die transatlantisch formierte Freie Welt als Selbstläufer, gewissermaßen gar als Synonyme für Fortschritt galten – und ebendies waren sie ja auch bis vor wenigen Jahren –, ging diese Gleichung auf. Spätestens seit Beginn der Eurokrise kann hiervon jedoch nicht mehr zweifelsfrei die Rede sein. Seither scheint Re-Nationalisierung das Stichwort der Stunde zu sein. Die europäische Integration verliert an Kraft und Richtung und im Zuge des bevorstehenden Brexits einen ersten Mitgliedsstaat. Mit Wilders in den Niederlanden, Le Pen in Frankreich satteln bereits die nächsten apokalyptischen Reiter ihre Schlachtrösser gegen Europa.

Vieles spricht dafür, dass sich die Kräfte der europäischen Schwächung und Sezession selbst ins Knie schießen und nicht nur die Gemeinschaft verraten, sondern auch gegen ihre eigenen nationalen Interessen verstoßen. Genügend Gründe, politisch mit vollem Einsatz und großer Leidenschaft dagegenzuhalten, gibt es durchaus. Aber anzuerkennen ist gleichermaßen, dass niemand die europäische Einigung erzwingen kann und es nicht einmal versuchen sollte. Als Friedenswerk kann sie ohnedies nur gelingen, wenn sie vom freien Willen aller Beteiligten getragen wird. Im Jahr 2017 lautet die bittere Wahrheit, für uns Deutsche zumal: Wer auf weitere Einigung hofft, muss dennoch mit dem Scheitern des bereits Er-

reichten rechnen – und den weiteren Nie-
dergang dessen, was noch gestern als
sicher und unumkehrbar gegolten hat, in
sein Kalkül einbeziehen.

Der Blick über den Atlantik auf Trumps
Amerika stimmt kaum hoffnungsfroher.
Aus europäischer und deutscher Warte
wird man ihn und sein Wirken im güns-
tigsten Fall als unberechenbar charakteri-
sieren können; kaum auszuschließen ist
allerdings, dass im Zusammenspiel der
desintegrativen Tendenzen Europas und
einer populistisch befeuerten Politik des
»America First« das Ende des Westens,
wie wir ihn kennen, eingeleitet oder gar
vollzogen wird. Und auch hier gilt: Sollte
es so kommen, so könnten wir es aus eigener Anstrengung allein nicht abwenden
oder wenigstens doch aufhalten.

An diesem Punkt ist ein kleines
Gedankenexperiment erhellend. Wenn
die Briten in Kürze die EU verlassen, so
bleiben sie doch Briten. Sollte die EU aus-
einanderfallen, so blieben die Italiener
immerhin Italiener und die Tschechen

Tschechen. Was aber wäre in diesem – Gott behüte! – zu verhindernden, aber nicht mehr gänzlich auszuschließenden Fall das Selbstverständnis der Deutschen, die alles Nationale hinter sich gelassen haben? Sie kämen gar nicht umhin, sich erneut selbst anzuerkennen: So wie die Bonner Republik sich – auf einem schmerzlichen Weg – als halbierte deutsche Wirklichkeit anerkennen musste, um die Teilung später dann überwinden zu können, so würde den Deutschen gar nichts anderes übrig bleiben als anzuerkennen, was eigentlich bereits seit 1990 Wirklichkeit ist, aber von den Deutschen selbst noch nicht anerkannt ist: Deutschland ist wieder Staatsnation. Es kann also nicht darum gehen, wie es Heinrich August Winkler einmal formuliert hat, »ob die Deutschen eine Nation sind, sondern *wie* sie sich dazu verhalten und *was* sie daraus machen«.

Historisches Bewusstsein lässt sich nicht per Schluckimpfung verabreichen, es entsteht in einem langen fließenden

Prozess. Dies gilt nicht minder für nationale Selbstbilder – was kein beruhigendes Vorzeichen für eine Nation ist, die sich seit 50, 60 Jahren vorgenommen hat, keine mehr sein zu wollen – dies jedenfalls Sonntagsrede um Sonntagsrede von seinem politischen Führungspersonal eingetrichtert bekommen hat. Besser wäre es also, nicht erst in der Stunde der Not damit zu beginnen, auch diesen Teil der deutschen Wirklichkeit anzunehmen, nämlich Nation zu sein, und das Feld nicht den Nationalisten zu überlassen aus dem Glauben heraus, die politische Ressource des Nationalen werde nie wieder gebraucht.

Natürlich kann es gar nicht oft genug wiederholt werden, wie verständlich der Versuch nach 1945 gewesen ist, jeden Schatten des Nationalen abzuwerfen. Aber ein Stück weit zeichnet sich diese Nachkriegsmentalität vielleicht sogar selbst durch eines der deutschen Hauptübel aus, nämlich immer und alles vornehmlich durch die nationale Brille zu sehen. Wäre der Blick nicht nur auf Europa als Ziel fixiert gewesen, sondern auch europäisch geweitet, so hätte man durchaus erahnen können, dass sich hier eine neue Art von deutscher Sonderentwicklung im europäischen Kontext herauszubilden begann. Avantgardistisch, dies wäre die Alternative gewesen, war dies ganz sicher nicht: nichts, was bei unseren Nachbarn und europäischen Partnern darauf hingedeutet hätte, das Nationale an den Nagel zu hängen.

Ja, man kann sogar noch einen Schritt weiter gehen, die generelle Abdankung des Nationalen in Europa herbeizusehnen wäre durch und durch uneuropäisch. Denn, wie der Göttinger Mediävist Hermann Heimpel in den 1950er-Jahren als Teilsumme seines Gelehrtenlebens festgehalten hat: »Dass es Nationen gibt, ist historisch gesehen das Europäische an Europa.«

So besehen ist Sehnsucht nach dem Eindeutigen – Deutschland oder Europa – in beide Richtungen ein schwerer Fehler.

Worauf es vielmehr ankommt, und hierfür sind die Grundlagen längst gegeben,
ist etwas anderes: Gerade weil das Deutschland der Gegenwart etwas ist, was es in
schlimmen Zeiten nie gewesen ist – nämlich, einerseits, im Einklang stehend mit
den zivilisatorischen Hauptströmungen
des Westens wie auch, andererseits, terri-
torial konsolidiert und saturiert –, gibt es
keinen Grund mehr, sich vor Deutschland
zu fürchten. Wenn dies aber die Nachbarn
und Feinde, gar Erzfeinde von einst nicht
mehr tun, dann sollten es auch die Deutschen selbst nicht mehr länger tun.

Er gehört zu mir – Variationen zum Lohengrin-Prinzip

Es ist nicht eben viel, was von der verunglückten Präsidentschaft Christian Wulffs übrig geblieben ist, und doch ist ihm gelungen, was nur die wenigsten seiner Vorgänger und Nachfolger vermochten: ein großes Wort zu prägen, das bereits in dem Moment, da es ausgesprochen ist, alle Züge eines Klassikers in sich trägt – gewissermaßen der Leitvers zur Erkennungsmelodie einer nicht unbedeutenden Phase im Werden und Wandel der Bundesrepublik. Obwohl es nur ein schlichter Aussagesatz ist, den Wulff da gesprochen hatte, lässt er kaum jemanden kalt. Gibt es eigentlich irgendeinen Deutschen in unserer Zeit, der keine Meinung zu Wulffs Einlassung hätte, der Islam gehöre zu Deutschland?

Buchhaltern der gerade verflossenen Gegenwart ist nicht entgangen, dass das Copyright zu diesem Satz eigentlich bei Wolfgang Schäuble liegt. Denn der seinerzeitige Innenminister hatte 2006 zur ersten Deutschen Islamkonferenz nach Berlin geladen und bereits dort in seiner Eröffnungsrede angemerkt: »Der Islam ist Teil Deutschlands und Europas.«

Möglicherweise war der Versuch Christian Wulffs, diesem schlichten Aussagesatz noch einige präsidiale Schnörkel zu verleihen, Schuld daran, dass vier Jahre später, am Tag der Deutschen Einheit 2010, plötzlich als anstößig empfunden wurde, was zuvor unbemerkt unter dem Radar der Debatten-Wächter passieren durfte. »Das Christentum gehört zweifelsfrei zu Deutschland«, so hob Wulff zum 20. Jubiläum der deutschen Wiedervereinigung an, so wie auch das Judentum: »Das ist unsere christlich-jüdische Geschichte.« Hieran nahtlos anzufügen – »Aber der Islam gehört inzwischen auch zu Deutschland« – war wohl keine gute

Idee. Denn so wurde aus dem rein beschreibenden Satz Schäubles ein tendenziell würdigender, also wertender Satz des Bundespräsidenten.

Sowohl in seiner Langfassung wie auch in der sprichwörtlich gewordenen Kurzversion (»Der Islam gehört zu Deutschland«) polarisiert seither der Satz. Im Streit, ob die Behauptung richtig oder falsch sei, offenbart sich allerdings ein ganz grundsätzliches Problem vieler politischer Streitfragen, besonders wenn es um Themen geht, die in der einen oder anderen Weise das Problem der nationalen Identität berühren. Gemeint ist der ständige, oft auch beliebige Wechsel zwischen unterschiedlichen Betrachtungsebenen – das unscharfe Neben- und Ineinander von beschreibenden und normativen Aussagen.

Sieht man den Satz »Der Islam gehört zu Deutschland« als rein deskriptive Aussage, so ist er leicht nachprüfbar und von nahezu nichtssagender Trivialität. Denn den Islam – seine Bräuche und Riten, seine Glaubensanhänger und Andachtsstätten – gibt es für jedermann gut sichtbar zuhauf in Deutschland. In diesem Sinne gehört der Islam in gleicher Weise zu Deutschland wie einige wenige Nobelpreisträger, die das Land in jüngerer Zeit hervorgebracht hat, französische Au-pair-Mädchen oder Schwerverbrecher. Denn, unbestreitbar, dies alles neben vielem anderem gibt es im Deutschland der Gegenwart.

Aber so war Wulffs Satz ja offenkundig nicht gemeint. Sonst wäre der Hinweis auf die christlich-jüdische Geschichte, die von überragender tiefenhistorischer Prägekraft für unsere gegenwärtige Lebensform in Staat und Gesellschaft ist, entbehrlich, ja, sogar sinnlos. Und tatsächlich: Durch die unmittelbar sich anschließende Behauptung, der Islam gehöre »inzwischen auch zu Deutschland«, zieht dieser gewissermaßen gleich.

Auch diese Behauptung, dass der Islam in ähnlicher, jedenfalls vergleichbarer Weise zu unserer kulturellen und historischen DNA beigetragen habe, lässt sich leicht überprüfen – und verwerfen. Er ist historisch schlicht falsch. Nun ist es eher unwahrscheinlich, dass dies Wulff einfach so durchgegangen ist. Wer mit solchem Nachdruck etwas offenkundig Falsches behauptet, muss damit etwas bezwecken. Das allerdings ist leicht auszumalen: Es geht um die kulturelle Aufwertung von historisch Fremdem; der scheinbar deskriptive Satz vom zu Deutschland gehörenden Islam ist in Wirklichkeit ein normativer.

Die vielfältig ablehnenden und oftmals wütenden Reaktionen auf die Kritiker von Wulff untermauern diese Vermutung. Ihnen wird, vereinfacht ausgedrückt, Fremdenfeindlichkeit als Motiv und Haltung unterstellt. Mehr emotional als rational ist solcher Überschwang sicherlich, was aber leicht erklärt und fast schon wieder entschuldigt werden kann. Nach den nationalistischen und rassistischen Exzessen der ersten Hälfte des 20. Jahrhunderts sind die Messinstrumente, die Deutschland vor einem erneuten

Abdriften warnen sollen, besonders emp-
findlich eingestellt.

Allerdings ist die Wulff-Exegese noch
nicht vollständig, solange nicht noch
eine dritte Ebene berücksichtig wird: Mit
Blick auf die mannigfaltigen Erfahrun-
gen aus der Entwicklungsgeschichte von
Kulturen ist es ziemlich vernünftig anzunehmen, dass über kurz oder lang aus
der schieren Präsenz des Islams in
Deutschland – bei hinreichend großer
Masse – eine wechselseitige Konkurrenz
der kulturellen Veränderung und Über-
tragung entstehen wird. Im Grunde hat
dieser Prozess schon längst eingesetzt.
An seinem Ende wird es wohl eher nicht
zu einer *soumission* des Tradierten nach
Art des einschlägigen Romans von Mi-
chel Houellebecq kommen. Doch wie
fast alle kulturellen Assimilationspro-
zesse wird auch dieser keine Einbahn-
straße sein. Und so wird auf irgendeine
Weise in Zukunft ganz gewiss stimmen,
was heute noch falsch ist: Der Islam
wird demnächst auch als teilweise kultur-

prägende Kraft zu Deutschland gehören. Hier genau liegen die Probleme.

Eines der unwichtigeren ist dabei der Umstand einer weitverbreiteten Wirklichkeitsverweigerung, die ähnlich gelagert ist wie der unsinnige Streit darüber, ob Deutschland ein Einwanderungsland *ist*. Lohnend wäre vielleicht eine Debatte, ob und wie weit Deutschland ein Einwanderungsland werden *will* oder womöglich – etwa mit Blick auf die (wenn auch jetzt, zuwanderungsbedingt, womöglich etwas verzögert) heranrollende demografische Katastrophe – gar eines werden *muss*. Dass Einwanderung im großen Maßstab längst Wirklichkeit ist – hierüber zu streiten lohnt hingegen wirklich nicht. Ob die »neuen Deutschen«, wie sie von Marina und Herfried Münkler unlängst genannt worden sind und von denen sich nicht wenige zum Islam bekennen, unser Leben und unsere Kultur beeinflussen werden: Auch hierüber lohnt der Streit nun wirklich nicht, auch hier geht es lediglich um die Kenntnisnahme und Anerkennung von Realitäten. Dennoch verlaufen solche Debatten in Deutschland regelmäßig nach dem Lohengrin-Prinzip:

> *»Nie sollst Du mich befragen,*
> *noch Wissens Sorge tragen,*
> *woher ich kam der Fahrt,*
> *noch wie mein Nam' und Art.«*

Als ob durch das Beschweigen einer (als unliebsam empfundenen) Realität dieselbe hinfortgezaubert werden könnte.

Diese Form der Wirklichkeitsverweigerung ist zumeist in der rechten Mitte des politischen Spektrums vorzufinden, aber links der Mitte sieht es unter dem Strich kaum besser aus. Hier wird zwar, grob gesprochen, nicht die Realität verweigert, dafür aber oftmals negiert, dass die neuen Wirklichkeiten nicht nur Chancen, sondern auch vielfältige Risiken beinhalten.

Für beide Wirklichkeitshalbierungen ist ein hoher Preis zu entrichten, aufgabengerechte Politik ist auf derart brüchiger Grundlage kaum möglich. Die Einwanderungspolitik ist hierfür ein Beispiel: Wer bestreitet, dass Deutschland ein Einwanderungsland ist, verspürt natürlich auch keine Notwendigkeit zur Ausgestaltung von Problem-adäquaten gesetzlichen Rahmenbedingungen. Im Ergebnis führt dies zu Wildwuchs, was in Politik und Recht eigentlich stets und zuverlässig die schlechteste aller Lösungsvarianten ist.

Umgekehrt führt das Verdrängen von Risiken und Nebenwirkungen im Neuen – zunächst regelmäßig und irgendwann dann auch nachhaltig – in gefährliche Glaubwürdigkeits- und Legitimationskrisen der Politik. Die Zuwanderungswelle seit Sommer 2015 hat dies ziemlich eindrücklich vor Augen geführt.

Im Kontext der vor uns liegenden gewaltigen Aufgaben der Integration wird sich Deutschland solche Problemnegierungen nicht länger leisten können. Aus der stetig wachsenden Quantität neuerdings präsenter, obgleich originär kulturfremder Einflüsse auf unsere Gesellschaft und Lebensform erwachsen Fragen, Probleme, auch Konflikte und Entscheidungsnotwendigkeiten, vor denen nicht so leicht auszuweichen ist wie 15 Jahre zuvor, als allein schon die Ausgabe des Stichworts einer »deutschen Leitkultur« bange Gefühle und mancherorts gar Albträume auslöste. Denn natürlich ist der Islam nicht nur eine Bereicherung für das Schon-Hiergewesene, sondern auch in mannigfacher Art eine Herausforderung – und zwar weniger eine für Deutschtümelei als für unsere Modernität. Die gleichberechtigte Stellung der Frau in der liberalen Gesellschaft wäre ein erstes Thema, die Suprematie des Rechts über religiös begründete Normen und Werte, überhaupt die Rolle von Kirchen und Glaubensgemeinschaften im säkularen Staat im größeren Zusammenhang.

Das Beispiel des Ruhrgebiets etwa belegt sehr schön: Es ist keineswegs der deutsche Weg in der Geschichte gewesen, solche Arbeitskräfte, die nur durch Zuwanderung zu haben sind, weil der nationale Markt sie nicht hergibt, als Söldnerheer zu halten und als eine Art *workforce*-Fremdenlegion zu behandeln – ordentlich entlohnt, doch mit minderen Rechten ausgestattet. Das Ziel, und dies wurde im Großen und Ganzen sehr gut erreicht, war die Vollintegration durch Geben und Nehmen, durch Anspruch und Annehmen.

Zugegeben: Bei der Vollintegration der sogenannten *Ruhrpolen* ging es um Katholiken und nicht kulturfremde Muslime. Das machte es damals einfacher. Umgekehrt haben konfessionelle Fragen im deutschen Alltag fast keine Bedeutung mehr. Dennoch dürfte außer Frage stehen, dass die gegenwärtigen und zukünftigen Integrationsaufgaben sehr viel schwieriger zu schultern sein werden. Das allein ist aber noch kein Hinweis darauf, dass die alten Rezepte grundsätzlich falsch sind.

Schließlich gehört die Besinnung auf das, was »deutsche Leitkultur« ist, zu den Grundvoraussetzungen dafür, dass beispielsweise der Islam zukünftig zu

Deutschland – im Wulffschen Sinne – gehören kann. Denn eine gelingende Integration wird es nicht geben, wenn sich die
Alt-Deutschen nicht offen, reflektiert und
ehrlich selbst darüber verständigen, was
wirklich an unserer politischen Ordnung
und gesellschaftlichen Lebensweise unverzichtbar ist.

Am Ende wird dies weit weniger sein,
als viele sich besorgt gebende Bürger
meinen. Denn nicht alle Gewohnheiten
des Alltags genießen Artenschutz, sondern als nicht verhandelbar kann eigentlich nur gelten, was unsere freiheitlich-
demokratische Grundordnung ausmacht.
Konkret bedeutet dies beispielsweise,
dass die christlichen Kirchen zwar durchaus im Dorf bleiben werden. Umgekehrt
gibt es aber auch keinen legitimen Grund,
anderen Religionsgemeinschaften die Aus-
übung ihrer Glaubenspraxis nicht in gleicher Weise zu gewähren. Ob ein Muezzin
nicht nur in Istanbul seines Werkes wal-
ten darf, sondern auch hierzulande, ist
nicht nach Maßgabe des Wohlbefindens

von Thilo Sarrazin zu entscheiden, sondern eher eine emissionsrechtliche Ange-
legenheit. Und auch die hinzunehmende
Höhe eines Minaretts sollte dort traktiert
werden, wo sie am besten aufgehoben ist,
nämlich in der baugenehmigenden Ver-
waltung und der Bauaufsicht.

Von deutscher Cellulite

Es gibt Begriffe – und in Politik und Geschichte sind dies nicht selten die großen und bedeutenden –, die unter einer Art semantischer Bindegewebsschwäche leiden. Ihr Erklärungsanspruch ist umfassend, doch sie sind zu abgenutzt, zu oft schon umgewertet worden, sie sind regelrecht zu ausgeleiert und missverständlich geworden, als dass sie sich noch durch Eindeutigkeit und unmittelbare Verstehbarkeit auszeichneten. *Sozialismus* ist so ein Beispiel, um den *Humanismus* ist es kaum besser bestellt, vom *Liberalismus* ganz zu schweigen. Kurzum: Ehedem Unverwechselbares und Selbsterklärendes ist mit der Zeit stark erläuterungsbedürftig geworden.

Am besten erkennt man solcherart abgenutzte, schwach gewordene Begriffe daran, dass sie nunmehr in aller Regel von semantischen Korsettstangen gestützt werden müssen, um wenigstens dem Anschein nach noch eine Form zu halten, die an das schöne Antlitz besserer Tage erinnert. Schwach gewordene Großbegriffe tauchen dann fast nur noch abgesichert durch Attribute oder vermeintlich fokussiert mithilfe eines Präfixes auf. Bedeutungsleer gewordener *Liberalismus* tritt dann etwa als *Neoliberalismus* neu auf den Plan, gänzlich unbestimmt gewordener *Sozialismus* beispielsweise als *demokratischer Sozialismus*.

Ganz besonders heikel ist in dieser Hinsicht der Begriff des *Konservativen* geworden – in gewisser Hinsicht war er das ja eigentlich schon immer. Denn was das *Konservative* jeweils konkret ist, hängt stets vom kulturellen Kontext ab. Und dies führt mitunter zu verwirrenden, verstörenden Zusammenhängen. So galt beispielsweise in der Sowjetunion und den anderen realsozialistischen Staaten während der Gorbatschow-Zeit derjenige als konservativ, der partout für Reformen, für Glasnost und Perestroika nicht zu gewinnen war – während es im Westen stets die politische Rechte gewesen ist, die sich selbst als konservativ definierte oder von anderen so benannt wurde.

Fast schon beliebig viele weitere Beispiele für die Dichotomien des Konservativen ließen sich anführen – und doch führen sie alle zum gleichen Ergebnis: *Konservatismus* – oder müsste es nicht eigentlich *Konservativismus* heißen? Selbst das ist nicht geklärt – ist kein inhaltliches Programm, keine Formulierung von Werten, sondern eher ein Gemisch aus Prinzip, Haltung und Methode, die sich auf Werte beziehen, die aus anderen Quellen geschöpft wurden. Das Prinzip heißt Bewahren des Hergebrachten, die Haltung ist eine der Skepsis gegen Veränderungen, die Methode ist die Zuordnung der Beweispflicht an die Neuerungswilligen.

So besehen ist der Fall beim Begriff des Konservativen noch einmal etwas anders, kritischer gelagert, denn er hat nicht nur im Verlauf seiner politischen Karriere an Bindungskraft verloren, sondern er ist bereits mit einer genetisch disponierten Bindegewebsschwäche zur Welt gekommen. Entsprechend vielgestaltig sind auch die stützenden Attribute: von strukturkonservativ über wertkonservativ bis hin zu liberalkonservativ ist das Konservative heute in nahezu jeglicher vorstellbaren Schattierung zu haben: *Konservativ* ist das Lamento von Evelyn Waugh, dass es das ewige Elend der britischen Konservativen sei, die Uhr niemals auch nur eine Sekunde zurückgestellt zu haben; *konservativ* ist aber auch, wenn Erhard Eppler oder Die Grünen die Zerstörung sowohl der Natur als auch der zu bewahrenden Werte der Schöpfung durch einen technokratisch verstümmelten Fortschrittsbegriff und eine turbokapitalistische Wirtschaftsphilosophie beklagen, für die, in Deutschland zumal, vornehmlich politische Kräfte in Haftung genommen werden können, die gemeinhin als die *Konservativen* gelten.

Seit den 1980er-Jahren ist eine Spielart des Attribut-Konservatismus im Umlauf, die weitaus innovativer ist, als es den Anschein hat. Spätestens seit dem Bonner Regierungswechsel von 1982 – eingeleitet jedoch wurde dieser Prozess bereits zehn Jahre zuvor während des Streits um die Ostverträge – und der nacheilenden Bekräftigung der sozialliberalen Ost- und Deutschlandpolitik durch Helmut Kohl und seine Mannen war eine prononciert nationale Position in der Deutschlandpolitik selbst innerhalb der Union nur noch auf halbverlorenem Posten: eine Mischung aus vorgestrigem Überhang und subkultureller Randerscheinung. Da die Unionsparteien seinerzeit die Aufgabe, den rechten Rand der parlamentarischen Demokratie abzusichern, noch einigermaßen ernst nahmen, erfanden sie die wunderschöne Formel vom national-konservativen Moment, das neben der christlich-sozialen Hauptquelle und dem Humanismus der Aufklärung kurzer Hand zum dritten Element jener Kräfte erklärt wurde, die das Wesen der Union ausmachten.

In der Sache ist eine solche Behauptung selbstverständlich blühender Unsinn. Wenn in der Nachkriegszeit das Nationale irgendwo politisch beheimatet war, dann doch wohl noch am ehesten bei den nationalliberalen Parteien, von denen es zuletzt – dies immerhin bis in die zweite Hälfte der 1960er-Jahre – nur noch die FDP gab, und zwar mit einem Parteivorsitzenden Erich Mende, beim dem man sich nie ganz sicher sein konnte, ob er nicht etwa auch zum Nachthemd sein Lieblingsaccessoire, das Ritterkreuz, anlegte.

National, das waren die Unionsparteien nie, nein, und auch die Konservativen waren es in Deutschland eigentlich nie. Ganz im Gegenteil: Als die Weimarer Nationalversammlung 1919 zu entscheiden hatte, ob Deutschland sich dem Versailler Vertrag unterwerfen wolle, um so wenigstens die Einheit des ja gerade erst 1870/71 erlangten deutschen Nationalstaates in der Hauptsubstanz zu erhalten, waren es die Konservativen die auf die Nation pfiffen und eine altpreußische Lösung der nationalen vorzogen: Zur Rettung des preußischen Idylls waren die Konservativen bereit, die Nation zu verraten, sich östlich hinter die Elbe zurückzuziehen – den deutschen Westen also den Siegern zu opfern.

Umgekehrt war es sicherlich keiner, der als genuin Konservativer zu gelten hatte – es war Richard von Weizsäcker, der am 22. März 1972 im Deutschen Bundestag das alte Bismarck-Reich beschwor: »Mit allen Fehlern, mit allen Irrtümern des Zeitgeistes und doch mit dem gemeinsamen Willen und Bewusstsein hat diesen unseren Nationsbegriff das Jahr 1871 geprägt. Von daher – und nur von daher – wissen wir Heutigen, daß wir uns als Deutsche fühlen. Das ist bisher durch nichts anderes ersetzt.«

Nicht nur vor solchen Hintergründen entbehrt es nicht eines gewissen Maßes an Komik, wenn rechte Schwadroneure, die jetzt in der AfD ihren wärmenden Kachelofen deutsch-wohliger Behaglichkeit aufgestellt haben, jammern, nationalkonservativ gesonnene Gutdeutsche hätten ja sonst nirgendwo mehr Platz und Heimat. Nicht minder haarsträubend ist der Versuch, den eo ipso bindeschwachen Begriff *konservativ* durch ein besonders unklares, schwer fassbares, zudem auch historisch vorbelastetes Attribut, nämlich *national*, wieder flott zu machen. Denn die Erfindung und Beschwörung der Denkfigur des National-Konservativen kombiniert zwei unterschiedliche Erscheinungsweisen des gleichen Problems: Von der Cellulite des Konservatismus soll der Fingerzeig auf die Dehnungsstreifen des Nationalen ablenken.

Warum Jérôme Boateng ein vorbildlicher Deutscher ist und Herr Gauland ein schlechter

Wer ein echter nationalistischer Populist sein will, benötigt keine belastbaren, objektivierenden Befunde zur Stützung seiner Thesen. Auf Ergebnisse empirischer Erhebungen oder gar wissenschaftliche Untersuchungen brauchte sich daher Alexander Gauland, stellvertretender Vorsitzender der AfD, nicht zu berufen, als er im Frühjahr 2016 behauptete, die Mehrheit der Deutschen hätte ein Problem mit Jérôme Boateng: »Die Leute finden ihn als Fußballspieler gut. Aber sie wollen einen Boateng nicht als Nachbarn haben.«

Es wäre allerdings ein Missverständnis, in dem anstößigen Satz lediglich einen fehlgeleiteten Versuch der Wirklichkeitsbeschreibung zu sehen. Denn tatsächlich steckt in ihm ein gehöriger Schuss alltäglichen Rassismus, der politisch dienstbar gemacht werden soll. Betrachtet man das Zitat nämlich ganz genau, so fällt auf, dass lediglich der erste und mutmaßlich richtige Teil – namentlich, dass die Leute Boateng als Fußballspieler gut fänden – eine reine Tatsachenbehauptung darstellt, während der zweite eine bemerkenswerte Wertung beinhaltet. Es heißt nämlich nicht, dass der Mehrheitsdeutsche den konkreten Jérôme Boateng nicht als Nachbarn haben möchte, sondern *einen Boateng*. Ganz offensichtlich ist mit *einem Boateng* nicht gemeint, dass der Durchschnittsdeutsche lieber zwei oder drei oder noch mehr Boatengs in der Nachbarschaft hätte. Stattdessen steht der Name also für eine Gruppe, deren einigendes Merkmal besonders gut am Beispiel der konkret genannten Person erkennbar sein müsste; anders ergibt der Satz keinen Sinn.

Viele Eigenheiten und Eigenschaften Boatengs können schon auf den ersten

Blick ausgeschlossen werden, denn der Mehrheitsdeutsche hat ganz sicher nichts gegen Menschen mit Abitur oder junge Leute mit guten Manieren in der unmittelbaren Nachbarschaft einzuwenden. Ähnliches dürfte für Menschen gelten, die den Beruf des Profifußballers ausüben, und auch für offen bekanntes Christentum. Anstößig ist wahrscheinlich ebenso wenig die Tatsache, dass sich Boateng gut kleidet und überhaupt eine gepflegte Erscheinung darstellt, wie der Umstand, dass er durchaus als Repräsentant der Gruppe *junge Väter*, die sich intensiv und rührend um den Nachwuchs kümmern, betrachtet werden kann.

Die Liste der durchaus positiven und nahezu allseits beliebten Eigenheiten und Eigenschaften, für die Boateng steht, worauf also immerhin theoretisch die Redewendung »einen Boateng« zielen könnte, lässt sich fast beliebig verlängern – nur dass dies alles nicht gemeint sein kann, denn solche Ausstattungsmerkmale von Charakter und Persönlichkeit sieht man eigentlich besonders gern in seiner Nachbarschaft.

Um zu verstehen, was Gauland meint, müssen wir demnach nach negativen Aspekten, für die Boateng stehen könnte, Ausschau halten. Da der Fußballer nie straffällig geworden und auch nicht für Exzesse oder Ausschweifungen bekannt ist – diese Liste ließe sich gleichfalls weit verlängern –, bleibt nicht mehr viel übrig, was sowohl das Abstoßende oder Angsteinflößende an diesem jungen Mann sein könnte als auch Kennzeichen gleich einer ganzen Gruppe von Menschen, die von den »Leuten« abgelehnt, womöglich gar gefürchtet wird.

Da trotz intensiver Prüfung gar nichts ins Auge springt, was an Boateng derart negativ sein könnte, auf dass ihn die meisten Deutschen nicht zum Nachbar haben wollten, bleibt eigentlich nur noch das Offenkundige übrig, seine Hautfarbe. Auch zu dieser Mutmaßung, dass der Normaldeutsche keinen Schwarzen zum Nachbarn haben möchte, liegen keine belastbaren demoskopischen Befunde vor. Aber einer wie Gauland braucht ja, wie gesagt, so etwas nicht. Denn Populisten wissen auch so, was *vox populi* meint und denkt, selbst wenn die Stimme selbst sich das (noch) nicht offen zu sagen traut.

Hält man Gauland nun in einem Gedankenexperiment für einen Augenblick zugute, er sei sich wirklich ganz sicher, dass die Mehrheit der Deutschen etwas gegen farbige Nachbarn habe, so müsste er sich eigentlich empören. Denn er gehört ja nicht zu jenen Rechten, die ihren Rassismus biologistisch oder pseudogenetisch unterlegen. Auch konnte man die Behauptung, dass andersfarbige Menschen schlechter als weiße seien, bislang noch nicht von ihm hören. Das angeblich mehrheitliche Empfinden der Deutschen müsste, aus dieser Warte betrachtet, eigentlich nicht nur bedauerlich, sondern sogar äußerst kritikwürdig sein.

Was aber ist dann davon zu halten, dass von ihm kein einziges kritisches Wort zu diesem vermeintlichen Mehrheitsempfinden der Deutschen vernehmbar ist? Konsistent ist eine solche Kritikabstinenz nur dann, wenn man der Mehrheitsmeinung des Volks eine Form von Heiligkeit zuspricht, die jeder Moral moralisch überlegen ist. Selbst die größten Fragwürdigkeiten oder Dummheiten wären somit nicht zu beanstanden und erst recht nicht zu bekämpfen, wenn und soweit sie auf dem Mehrheitswillen gründen. So besehen ist mehrheitliches Volksempfinden stets das berühmt-berüchtigte »gesunde Volksempfinden«. Und dieses merkwürdige Konstrukt angeblicher Wirklichkeit kritisieren Populisten und Demagogen schon deshalb nicht, handelt es sich dabei doch um ihren wertvollsten Werkstoff.

In solchen Zusammenhängen ist es keineswegs von Nachteil, wenn es keine gesicherten Fakten oder Daten gibt. Im Gegenteil: Sie würden Populisten zwar nicht von ihrem Werk abhalten, wie in Trumps Amerika gut zu studieren ist, wären aber dennoch hinderlich. Denn der eigentliche Clou bei der Berufung auf das gesunde Volksempfinden ist es ja, dass dessen Inhalt und jeweiliger Gegenstand vom Populisten selbst erfunden und dann manipulativ in den politischen Diskurs eingeführt wird.

Nach dieser Logik muss Herr Gauland nicht beweisen, was die Mehrheit der Deutschen tatsächlich über ihre Lieblingsnachbarn denkt. Es reicht aus, eine unbewiesene Behauptung zu formulieren, die allerdings für eine genügend große Zahl von Menschen denkmöglich ist. Und hier schließt sich der Kreis: Da es keinerlei objektive Anhaltspunkte für die These von jenen ungeliebten Nachbarn der Deutschen gibt, ist sie eine bewusste politische Setzung und mithin von durchaus rassistischer Provenienz.

Vieles von dem, was mit der Formulierung »einen Boateng« zweifelsfrei nicht gemeint ist, andererseits aber Jérôme Boateng durchaus auszeichnet – siehe oben –, zählt zum Besten was es an Werten und gelebter Alltagskultur in Deutschland gibt. An diesem Maßstab gemessen ist der

Fußballer eher ein guter, womöglich sogar vorbildlicher Deutscher. Dies wird man von einem Politiker nicht behaupten können, der rassistische Ressentiments über in Deutschland hoch geschätzte Tugenden und Haltungen stellt. So besehen ist Herr Gauland im Grunde genommen ein furchtbar schlechter Deutscher.

Warum es zur Modernität keine vernünftige Alternative für Deutschland gibt

Vielleicht ist es das typisch Deutsche an den Deutschen, dass sich keine andere Nation so bohrend, grüblerisch, unablässig nach sich selbst befragt. Die von Ernst Moritz Arndt aufgeworfene Frage, »Was ist des Deutschen Vaterland«, das Sinnbildliche an ihr für die Suche einer Nation nach sich selbst – all dies will mit deutscher Gründlichkeit traktiert werden! Gewiss, auch andere Nationen stellen sich gelegentlich solche Fragen, geben sich aber sehr viel pragmatischer mit unvollständigeren oder weniger kategorischen Antworten zufrieden. Richard Wagners Auskunft, dass »Deutsch sein« heiße, »die Sache, die man treibt, um ihrer selbst und

der Freude an ihr willen treiben«, wohin-
gegen das Verfolgen einer Sache nur um
deren Nützlichkeit wegen »undeutsch«
sei, ist selbst als eine keineswegs politisch
gemeinte Betrachtung zur Ästhetik und
Kunst nur in deutscher Sprache zu haben.
Was ihr Vaterland und was Deutschsein
ist, haben die Deutschen im Lauf ihrer Geschichte zumeist nicht gewusst – nur dass
es etwas Schweres und Reines sein muss,
dessen waren sie sich fast immer sicher.

Dafür fiel den Deutschen, seitdem sie
sich in eigener Staatlichkeit wähnen dür-
fen, die Antwort auf die Frage, *wer* Deutscher ist, leichter als den meisten anderen
Nationalstaaten. Denn hierzulande wird
dies in der Regel nach einem einfachen
Kriterium, durch das Abstammungsprin-
zip geklärt; Artikel 116 des Grundge-
setzes ist also gewissermaßen der späte
Nachhall der vormodernen deutschen
Tradition, die die Nation als Volkszugehö-
rigkeitsgemeinschaft begreift.

Beides zusammengenommen – die Ver-
knüpfung von romantisch oder idealis-

tisch geschulter Grübelseligkeit bei der Bestimmung des nationalen Ichs mit einem im Verwaltungsverfahren einfach zu exekutierenden Blutprinzip – ist schon etwas sehr Spezielles im europäischen Kontext. Doch abgesehen davon, dass die selbstquälerische Suche nach dem Deutschen per se merklich abgeschwächt ist und auch die letzte vormoderne Bastion in der Bundesrepublik, das Staatsangehörigkeitsrecht, allmählich bröckelt, wäre das Bild eines hoffnungslos sich der Modernität und Modernisierung verweigernden Deutschland auch für die Vergangenheit unvollständig – und damit falsch. Im Übrigen entspringt ja ebenso wenig aus jedem Modernisierungsschub sogleich ein Gewinn an Freiheit und Humanität. Manchmal ist der Weg von der Ausgabe der Losung bis zum Erreichen des Ziels lang und blutig, wie beispielsweise die Geschichte der Französischen Revolution gezeigt hat.

So richtig es ist, dass die deutsche Entwicklung weit und lange Zeit hinter der

Herausbildung des westlichen Modells einer politischen Ordnung gelebter Freiheit und rechtsstaatlich verbriefter Demokratie herhinkte, so wichtig, wertvoll, unverwechselbar – und, in Zeiten von anschwellendem Populismus, besonders zukunftweisend – ist auch der deutsche Beitrag hierzu. Es sei »nicht ohne Ironie«, bemerkte Ernst Fraenkel, der Doyen der bundesdeutschen Politikwissenschaft der Nachkriegszeit, bereits in den frühen 1960er-Jahren, »dass gerade in den Jahrzehnten, als die Gralshüter deutscher politischer Tradition sich nicht genug darin tun konnten, die Einzigartigkeit des deutschen politischen Stils und Lebensgefühls zu betonen und den Geist der westlichen Demokratie als ›artfremd‹ zu diffamieren, eine erstaunlich große Zahl hervorragender Sozial- und Politikwissenschaftler der westlichen Nationen mit größter Aufmerksamkeit und innerer Anteilnahme den Gärungsprozess verfolgten, der sich unter der Herrschaft der Weimarer Verfassung in Deutschland abspielte.« Auch wenn die Erkenntnis noch keineswegs Gemeingut sei, so sei man sich doch »in überraschend vielen glänzenden zeitgeschichtlichen und politologischen Publikationen des Auslands darüber einig, dass das Deutschland des ausgehenden 19. Jahrhunderts und des ersten Drittels des 20. Jahrhunderts einen bedeutsamen und bleibenden Beitrag zu der Entwicklung des Staats- und Gesellschaftstyps beigesteuert hat, den man als ›westliche Demokratie‹ zu bezeichnen pflegt: den Gedanken der sozialen Geborgenheit.«

Die Kategorie der Geborgenheit – das klingt nur für halbtaube Ohren nach einer kuscheligen Parodie auf echte Politik. Tatsächlich aber entscheidet sich exakt an dieser Frage, wie weit die Bürger bereit sind, ihr Land als das ihre anzusehen. Und mit Fraenkels Beobachtung tut sich dann in der Tat eine interessante Alternativstellung auf, die im Zusammenhang neonationalistischer Aufwinde gar nicht hoch genug eingeschätzt werden kann. Die nationale Geborgenheit alter Tage gründete in Deutschland auf einer Art Schutzbefohlenen-Vertrag zwischen der Obrigkeit, dem sprichwörtlichen General Dr. von Staat, ostelbischer Herkunft, und den Untertanen. Dass dabei die Verpflichtung auf das Nationale allein auf Dauer nicht viel würde bewirken können, wusste bereits Bismarck. Und so mischten sich mit der Zeit mehr und mehr Aspekte der Fürsorge in das Vertragsverhältnis.

Die Geburt des Sozialstaates in Deutschland sorgt auch rund 150 Jahre später immer noch für kontroverse Diskussionen, die sich vor allem um die Frage drehen, was Bismarck eigentlich in Wirklichkeit bezweckte. Doch selbst wenn man in der Einführung von Sozialversicherungssystemen lediglich einen raffinierten Schachzug systemerhaltender Machtpolitik sehen will, lässt sich – im Sinne Fraenkels – viel für die Situation der Gegenwart lernen. Ohne gefühlte Geborgenheit, ohne die Sicherheit der Menschen, dass die Politik sich für die Sorgen seiner Bürger interessiert, diese nicht nur in Reden, sondern auch im Handeln ernst nimmt, geraten stabile Verhältnisse rasch ins Wanken.

Die Ideen von 1914, die begeisterungstrunkene Mobilisierung zum Ersten Weltkrieg war der einstweilen letzte Versuch, so etwas wie System stabilisierende Geborgenheit durch Beschwörung des Nationalen allein zu erzeugen. Er ist gescheitert, grandios. Schon im Nationalsozialismus liegen die Dinge dann etwas komplizierter, war er doch in den Jahren bis Kriegsbeginn eine krude Mischung aus totalitärem National- und Rassenwahn mit einer weithin von den *Volksgenossen* als erfolgreich empfundenen Wirtschafts- und Sozialpolitik.

Lang und leidenschaftlich kann man darüber streiten, ob die neuen Rechtspopulisten in Deutschland »nur« verirrte, fehlgeleitete Konservative sind, ob sich diese neue Variante einer »Politik der Gefühle«, wie sie Josef Haslinger schon in den 1980er-Jahren für Österreich ausgemacht hatte, gleichfalls speist aus einem »braunen, unterirdischen Fluss«, der nie versiegt war. Nur sollte man sich, am Denken Ernst Fraenkels geschärft, nicht der Illusion hingeben, dass diese Auseinandersetzung von jenen gewonnen werden kann, die den gröbsten Ton anschlagen.

Entscheiden wird sich der Kampf gegen Rechts auch nicht durch Bürger- oder Wählerbeschimpfung. Ausschließen kann man es nicht, dass viele Anhänger der neuen Rechtspopulisten rechtsradikalem Denken anhängen, was erste sozialwissenschaftliche Befunde nahelegen. Beklagenswert ist das gewiss, aber die politische Antwort auf eine solche Problemstellung endet nicht, sondern beginnt erst hier. Denn rechtsradikalem Denken verschrieben hatten sich jene Bürger auch schon in früheren Zeiten, als sie noch CDU, SPD, Die Linke oder sonst wen gewählt hatten.

Anzusetzen wäre heute exakt an dieser Stelle: Was ein jeder Mensch in seinem tiefsten Inneren fühlt und denkt, was er in seinem vor dem Licht der Öffentlichkeit verborgenen Hobbykeller treibt, kann die Politik im Regelfall nicht wissen und auch nicht ahnden. Sie kann aber dafür sorgen, wie es über die längste Strecke der Geschichte der Bundesrepublik Deutschland ja auch gelungen ist, dass extremistische Dispositionen, die es individuell wohl immer geben wird, im privaten Keller eingeschlossen bleiben. In diesem Sinne, kurz und griffig zugespitzt: Das einzig erfolgversprechende Gegenmittel zu einer nationalistischen »Politik der Gefühle« kann eine der Modernisierung verpflichtete »Politik der Geborgenheit« im Sinne Fraenkels sein.

Was tun gegen Rechts?

Die Formen und Mittel der Auseinandersetzung mit den Phänomenen und Parteien neonationalistischer Populisten, wie sie gegenwärtig angewandt werden, können allerdings verstören und pessimistisch stimmen, ob dieser Kampf überhaupt zu gewinnen ist. Die politische Linke tut im Wesentlichen so, als sei der rechte Rand vornehmlich ein Problem der bürgerlichen Parteien, vor allem der Union – und ist stets mit guten Analysen, Ratschlägen und Handreichungen auf Posten. Was wäre gewonnen, nähme man jede dieser Einlassungen an und sie alle ernst?

Ralf Stegner, der SPD-Vize, ist der vielleicht engagierteste Mahner wider die Unionsparteien, denen er vorhält, mit manchen ultrakonservativen und ihren teilweise sogar dezidiert rechten Parolen – vor allem seitens der CSU – die neue Rechte überhaupt erst salonfähig zu machen. Sahra Wagenknecht, inzwischen von der Couture-Kommunistin früherer Tage zur edelpopulistischen Allzweckwaffe der Linken mutiert, kommt eher zu entgegengesetzten Vorwürfen und Empfehlungen: Gerade weil die Union den rechten Rand vernachlässigt und nicht mehr bedient habe, eben weil sie nicht mehr konservativ sein wolle, habe sie den Platz für eine neue rechte Partei freigeräumt.

Am schönsten freilich klingt das alles dann bei Jakob Augstein, der beide Positionen zugleich vertritt. Zum einen, meint er, sei der »Rechtspopulismus kein Unfall«, sondern von einer neoliberalen und rechtsetablierten Politik induziert, zum anderen soll Franz Josef helfen, es zu richten mit den Rechten: »Mehr Franz Josef Strauß wagen!« Selbstverständlich ist Augstein auch an vorderster Front dabei, wenn die belgische Politik-Schriftstellerin

Chantal Mouffe Populismus mit Populismus bekämpfen möchte: »Setzt dem rechten Populismus endlich einen linken entgegen!«, so seine Forderung. Eine interessante Anregung, wenn man bedenkt, dass Populismus stets die Sprache jeglicher Politik der Gegenaufklärung, der unreflektierten Konservativen gewesen ist.

Die neuere deutsche Geschichte hält viel Anschauungsmaterial bereit, zu welchen Enden eine solche Denkungsart nahezu zwangsläufig geführt hat: zu Elend und entmündigender Knechtschaft fast immer, zuletzt dann sogar zu Krieg und Völkermord.

Es sind nicht nur schlechte Traditionen, in deren Dienst sich jeglicher populistische Kampf gegen den Rechtspopulismus stellen würde. Dieser Kampf würde auch nicht sehr viel mehr bewirken als ein Strohfeuer, wo eigentlich ein Leuchtfeuer vonnöten ist. Die schärfste Waffe gegen die Gegenaufklärung ist weiterhin die Aufklärung selbst, der Glaube an die Vernunft und der Gebrauch derselben.

Aufklärung wirkt entlarvend, Entlarvung ist entwaffnend – allein schon die Entlarvung der neurechten Sprache durch schlichte Analyse dessen, was da eigentlich gesagt wird, ist ein probates Gegenmittel. Was dies mit Blick auf das zentrale Nervensystem unserer politischen Sprache, die Begriffsfamilie des Deutschen, bedeuten kann, versucht diese kleine Schrift darzulegen.

Doch auch bei anderen Reizwörtern und Kampfbegriffen hilft Aufklärung weiter: Das Geschwätz zum Stichwort »Abendland« ist hierfür ein gutes Beispiel. Denn was eigentlich nimmt man alles an, wenn man – wie Pegida und Konsorten – das Abendland gegen wen auch immer verteidigen möchte? Natürlich zählen auch die Sagen, Helden und Götter des Altertums dazu, die in rechten Kreisen als Umformungsmaterial für germanische Mythen stets beliebt waren, aber mehr noch und vor allem jene die gesamte Philosophiegeschichte prägende Menschenfreundlichkeit im Denken von Sokrates, Platon und Aristoteles.

Noch stärker in die gleiche Richtung weist der geistige Hauptbestandteil dessen, was das Abendland im Kern ausmacht: das Christentum. Abendland als Gegenbegriff zum Orient war nie ein geografischer Terminus – auch kein ethnischer und schon gar kein anti-islamischer –, sondern mehr als alles andere der Inbegriff einer Lebensform im Zeichen der Nächstenliebe. Kurz: Der Begriff des Abendlandes ist ohne das Christliche nicht zu haben, ein anderes denn das »christliche Abendland« hat es nie gegeben.

Durch den aufklärerischen Kampf um Sprache und Deutungshoheit wird kein rassistischer Schafskopf zum frommbraven Lamm, und auch der Fremdenfeind wird ein solcher bleiben. Doch sein Agieren, sein Werben und Verführen wird ungleich schwieriger, sind ihm die Begriffe zum Verschleiern reinen Hasses entwunden.

Ein starkes Deutschland
soll es sein!

Einer der vielen Aphorismen von Karl Kraus beschäftigt sich mit einem Phänomen, das auf den ersten Blick an das erinnert, was in manchen Kreisen gern »Fake News« oder »Lügenpresse« genannt wird: »Den Leuten ein X für ein U vormachen – wo ist die Zeitung, die diesen Druckfehler zugibt.« Tatsächlich aber richtet sich das Bonmot heute gerade gegen jene Kritiker der Medien selbst, die das Umdeuten von X zu U zu einer höheren Form ihres Handwerks, der populistischen Politik, entwickelt haben.

Gemeint ist damit natürlich auch der ganze Bereich dessen, was als postfaktisch bezeichnet wird, also der Austausch von Wirklichkeit gegen Erfundenes als Kern einer politischen Botschaft – »last night in Sweden«. In Deutschland kommt freilich noch ein weiterer Moment hinzu, das historische Geraune der nationalistischen Rechten. Dröhnend verlangt sie, die besseren Tage der deutschen Geschichte, den ganzen Reichtum deutscher Kultur in den Blick zu rücken, ohne jedoch zu konkret zu markieren, welche Großtaten und -leistungen sie dabei im Sinn hat. Die Weimarer Klassik beispielsweise wird aus dieser Perspektive wohl nicht dazu gehören – wie bereits gesehen, dürfte das postnationale Ideal eines deutschen Weltbürgertums, für welches sich Goethe und Schiller verwandten, zu anstößig, zu undeutsch sein. Was aber wäre ein deutscher Kulturkanon ohne die beiden überhaupt noch wert? Als die Nazis Bücher verbrannten, blieb mehr übrig und unangetastet als das, worauf sich die Neurechten unserer Tage noch berufen könnten.

Kaum besser fällt das Ergebnis mit Blick auf die historischen Großtaten aus. Denn die besten Phasen der neueren deutschen

Geschichte waren stets solche, die der Modernisierung verschrieben waren. Adenauer, ein Mann ganz von der Welt des 19. Jahrhunderts geprägt, kann gerade deshalb mit seiner Westpolitik als der größte Modernisierer der deutschen Geschichte betrachtet werden. Auch Bismarck, der Konservative, hinterließ Bleibendes nur dort, wo er ein Modernisierer war: Sein Reich zerfiel, seine Sozialpolitik lebt fort. Die Liste ließe sich prachtvoll verlängern.

Bereits unmittelbar nach dem Ende von Hitlers Barbarei setzten hier alle wichtigen Versuche an, das Unverstehbare zu verstehen, und auch die Suche nach den Lehren aus der Katastrophe hatte hier ihren Ausgangspunkt. Bei allen Unterschieden im Detail oder Narrativ, stets drehte es sich im Wesentlichen um die Probleme Deutschlands mit der Modernität, um das ungeklärte Verhältnis der Deutschen zur Moderne.

Vor allem zwei Bücher, die solchen deutschen Fragen gewidmet sind und die in den 1950er-Jahren erschienen, belegen dies eindrucksvoll; ihre Titel haben sich zu fortwährenden Mottos und Leitmotiven der Bundesrepublik bei deren der Suche nach einem der Vernunft verpflichtetem deutschem Charakter herausgebildet – sie werden seither in aller Munde geführt: *Bonn ist nicht Weimar*, das Buch des Schweizer Publizisten Fritz René Allemann, ist das eine; Helmuth Plessners Werk *Die verspätete Nation* das andere. Bücher mit derart griffigen Titeln, hat Hermann Lübbe am Beispiel Plessners einmal sarkastisch angemerkt, hafte allerdings ein »gravierender Nachteil« an: »Mit der Evidenz seines Titels verliert zugleich der Aufforderungscharakter des Buches an Kraft, es auch zu lesen.« Im Einzelnen mag diese Mutmaßung empirisch nur schwer nachprüfbar zu sein. Für den Fall Allemann indes könnte die Verkaufszahl ein erster Fingerzeig sein – der Verlag blieb sogar auf einem größeren Rest der mit 3 000 Stück ohnehin schon klein disponierten Erstauflage sitzen.

Plessners Buch, das ursprünglich im Wintersemester 1934/35 gehaltene Vorträge an der Universität von Groningen zum Inhalt hat und seinerzeit unter dem etwas sperrigen Titel *Das Schicksal deutschen Geistes im Ausgang seiner bürgerlichen Epoche* zuerst veröffentlicht wurde, erschien dann in überarbeiteter Form 1959 unter seinem neuen Titel. Um gleich vorab mitzuteilen, worum es ihm geht, stellte Plessner der Neuauflage ein Zitat aus der Rede Thomas Manns vom 29. April 1945 in der Library of Congress voran, dass kurz und bündig in sein Thema einführen sollte: dass es nämlich »nicht zwei Deutschland gibt, ein böses und ein gutes, sondern nur eines, dem sein Bestes durch Teufelslist zum Bösen ausschlug«.

Gleichviel von welcher Seite man sich heute dem Thema Deutschland annähert: Immer wieder begegnet einem diese unentrinnbare Ambivalenz der Einheit von Gut und Böse. Dass es vielen Menschen zu viel und zu heftig ist, immer und immer wieder mit diesem schweren Angang konfrontiert zu werden, ist verständlich. Wie viel Wahrheit verträgt der Mensch?

Man muss Nietzsches Antwort auf diese Frage in seiner zweiten »Unzeitgemäßen Betrachtung« über den »Nutzen und Nachteil der Historie für das Leben« nicht teilen, doch seine Frage ist durch und durch legitim. Salopp könnte man sie auch mit einem leicht abgewandelten Werbeslogan für eine Eukalyptus- und Menthol-Pastillen-Marke beantworten, was abstrakt gesehen eigentlich den Rechten und Wortführern eines starken Deutschlands in die Karten spielen müsste: Ist sie zu hart, bist du zu schwach! Starke Deutsche können ohne Weiteres die Konfrontation mit den fürchterlichen Seiten ihrer Nationalgeschichte aushalten, woraus sich der Umkehrschluss ergibt, dass es sich bei den Höcke-Gauland-Petry-Deutschen um ziemlich schwache Seelchen handeln muss.

Nicht sehr viel günstiger fällt der Befund aus, wendet man sich einem weiteren Klassiker der Neuen Rechten zu, der

Erinnerungskultur. Seit Höckes Dresdner Rede steht sein unmissverständliches Plädoyer für eine 180-Grad-Wende im Raum, was aus dem Reich der Geometrie ins Deutsche übersetzt nur heißen kann: Was bislang für richtig gehalten wurde, ist in Wahrheit total falsch, wir müssen uns vollständig, diametral hiervon abwenden. Demnach ist das, was bislang als schlecht oder böse gegolten hat, eigentlich richtig und gut – und umgekehrt. Jede andere Wende wäre keine um 180 Grad, falsch zu verstehen ist bei solchen Bekundungen eigentlich nichts.

Nimmt man für einen Augenblick an, dass es wohl doch eine irrige Erwartungshaltung ist, sich von einem Lehrer zu versprechen, der besonders deutsch sein möchte, er beherrsche auch ein Merkmal hierfür hinreichend gut, die deutsche Sprache nämlich, und billigt man für diesen Moment Herrn Höcke zu, er habe es wirklich nicht so gemeint, wie es verstanden werden musste – und von seiner gröhlend-johlenden Zuhörerschaft ja offensichtlich auch verstanden wurde –, so ergibt sich eine andere interessante Lesart. Ihm sei »es wichtig klarzustellen, dass diese Verbrechen« – gemeint sind die der Deutschen an den Juden, die Höcke im *Spiegel* tatsächlich dann auch »Judenvernichtung im Dritten Reich« nennt – »unentschuldbar sind, ein Schandfleck in der deutschen Geschichte.« Dennoch bleibe für ihn die Frage, »warum stellen wir ausgerechnet diesen Schandfleck in den Mittelpunkt unserer Erinnerungskultur«?!

Auch dies ist eine legitime Frage, sofern sie nicht rhetorisch gemeint ist. Aber sie ist zugleich verstörend, denn warum sollten die Deutschen ausgerechnet ihre edelste Seite verbergen? Denn in der Art und Weise, wie sich die Nachgeborenen zur Schuld der wenigen Mütter- und vielen Väter-Täter verhalten, erweisen sie Größe und Stärke. Tatsächlich ist das Eintreten in die Verantwortungsfolge für die Taten der Täter eine der moralischen Großtaten in der deutschen Geschichte. Ist ihnen diese Last zu schwer, dann sind unsere neuen Starkdeutschen in Wahrheit ganz schöne Schwächlinge.

Der Blick zurück, die Annahme der Verantwortung für die Taten und vor allem die Untaten der Vergangenheit, kann freilich nur die eine Hälfte sein. Nation ist, um noch einmal bei Renan anzuknüpfen, eben nicht nur eine Erinnerungsgemeinschaft, sondern gleichermaßen auch der Zusammenschluss jener, die die Zukunft gemeinsam meistern möchten.

Dass sich dieser Wille nicht erzwingen lässt, zeigt gegenwärtig das Projekt Europa. Die meisten Gründungsväter der europäischen Integration und ihre Erben wollten die Nationen früher oder später überwinden und mit dem Vereinigten Europa etwas Neues schaffen, dass dem Prinzip der Nation zumindest ähnelt. Wie realistisch solche hochfliegenden Pläne je gewesen sein mögen, kann dahingestellt bleiben. Worauf es in diesem Zusammenhang ankommt, ist etwas anderes. Ein Europa, das dem Prinzip einer Nation folgt, ist seit dem Brexit in weite Ferne entrückt.

Wer aber an der großartigen Idee der europäischen Einigung festhält, wer dieses Projekt, dem der Kontinent und insbesondere Deutschland eine nie zuvor gekannte lange Periode von Frieden und Wohlstand verdanken, fortführen will, muss die gegenwärtig widrigen Realitäten anerkennen. Eine Politik mit der Brechstange, eine der Wut, Enttäuschung, des Trotzes, eine Politik gespeist aus narzisstischer Kränkung würde alles nur noch verschlimmern.

Der Blick in den Abgrund eines mittlerweile denkbar gewordenen Scheiterns Europas offenbart naturgemäß nichts Schönes. Er könnte aber in einer Hinsicht lehrreich sein. Wenn es ein Hauptproblem in der deutschen Geschichte gibt, dann vielleicht das unterentwickelte Vermögen der Deutschen, Maß und Mitte zu finden, Balance zu halten. Der Deutsche mag es noch lieber als seine Nachbarn in schwarz oder weiß – grau ist in Deutschland zumeist nur das Wetter. Immer wieder hat dieser Drang zur Eindeutigkeit zu falschen, ja, zu fatalen Alternativstellungen geführt.

Eingedenk der Rückschläge Europas, der vergangenen und der noch zu befürchtenden, muss Deutschland sich der Frage stellen, was es eigentlich noch ist, wenn die europäische Substitut-Identität für das Nationale zerbricht. Im Abschied von der verständlichen, aber falschen Alternative der Nachkriegszeit – Deutschland oder Europa – liegt mithin auch eine Chance. Je mehr wir dabei in unser Nationalbewusstsein aufnehmen, dass Deutschland die beste Zeit seiner Geschichte Europa und der Aufnahme in Gemeinschaften des freien Westens verdankt, umso größer ist auch die Chance, dass ein (auch und gerade moralisch) starkes Deutschland dem Westen etwas zurückgeben kann.

Zum Autor

Peter Siebenmorgen, geboren 1961, lebt als Journalist und Autor in Potsdam. Mit seiner von Kritik und Publikum gefeierten Biografie über Franz Josef Strauß hat er das Standardwerk über den bayerischen Ausnahmepolitiker vorgelegt. Auf Stationen im Bonner Bundeskanzleramt, dem Thinktank Royal Institute of International Affairs (Chatham House) und dem International Institute für Strategic Studies (IISS) folgten Positionen bei *Die Zeit, Welt am Sonntag* und *Der Tagesspiegel.*